埼玉

＼スゴい！／

うどん王国宣言!!

永谷晶久

埼玉を日本一の
「うどん県」にする会 会長

スゴい！ 埼玉 うどん王国宣言!!

目次

—— CONTENTS ——

食べたいうどんがココにある!!

県内5エリアから44店舗を厳選紹介

※本書の情報は令和元年10月末現在のものです
※料金については、消費税を含んだ総額表記です。
一部テイクアウトされる場合、料金の異なる可能性があります
※休業日については、定休日を表示しています。
店舗によって、お盆・年末年始ほか臨時休業がある場合もあります

＼元AKB48／＼埼玉県公認PR大使
埼玉応援団で活躍中！／
松井 咲子が
最高な一杯《さいたまうどん》に
出合った!!
地元〝埼玉愛〟より
〝うどんLOVE〟!?

地元・テレビ埼玉の情報番組MCを務めるだけあって、
「うどん家 一」のご主人に熱心な“取材”をする姿も！

おうどんのおいしさに あらためて目覚めちゃった！

「埼玉のうどんの魅力をもっと多くの人に知ってほしい、そして埼玉県全体を盛り上げていきたい！」。その願いから「埼玉を日本一の『うどん県』にする会」を主宰する本書著者・永谷晶久が、埼玉県公認ＰＲ大使「埼玉応援団」のメンバーで、「蕨市ＰＲ大使」でもある松井咲子さんに、うどんの魅力を全力でプレゼン！ 武蔵野うどんの人気店「うどん家 一」（Ｐ58参照）で、埼玉愛、うどん愛を語っていただきました。

元ＡＫＢ48・アイドルのうどん原体験とは？

――埼玉県は小麦の生産が盛んで、良質なうどん用小麦の生産地として古くから知られています。うどんの生産量が全国で第2位なんですが、松井さんはどんなうどんがお好きですか？

「おうどん屋さんに行って必ず頼むのは、肉汁うどんですかね（Ｐ13参照）。麺とツユが分かれていて、どちらもしっかり楽しめるのが好みです。小さいころから食べ慣れていますしね」

――なるほど！ 読んでくださる方のために解説すると、まず、埼玉県の西部で昔から食べられているうどんを武蔵野うどん（Ｐ13参照）というんですね。特徴としてはつけ麺タイプで、麺が太くてコシがある。そのなかでもツユに豚バラなどが入ったタイプが、松井さんがお好きな肉汁うどんなんですよね。

「小さいころから、普通に食べていたので、気づいたら好きだった、って感じですね。近所にすっごくおいしいおうどん屋さんがあって、よく家族で行っては肉汁うどんを食べていました。それに、肉汁うどんは今でも家で作りますよ」

――埼玉は、家庭でもうどんがよく出ますからね。今もご自分で作るんですね！

「そうですね。夏なら、麺を冷やしたり。こだわりといえば、生姜《ショウガ》を多く入れちゃうこと。両親がよく作ってくれたおうどんも、生姜が多かったので、生姜が利いてる方が好きです。で、お肉はやっぱり豚肉です」

「マイベスト1」に出合って大興奮！

――ところで、松井さんは「お耳の恋人」というキャッチフレーズがあって、絶対音感の持ち主とか。

「はい」

――なので、マニアックな質問なんですが、うどんをすする音って、人によって音階は異なるんですか？

「え……、（困惑しながら）どうなんですかね。考えたこともなかったですけど」

――すみません、変なこと聞いて。私の話で恐縮なのですが、知らないうどん屋さんに行っても、うどんをすする音で「お兄ちゃん、いい音するね」って声掛けてもらうことが多くて。なんか音が違うのかなって思っていて。

「音程がついてたら分かるんですけどね。今度意識してみますね……（まだ困惑気味）」

松井咲子（まついさきこ）

1990年12月10日生まれ、埼玉県蕨市出身。2008年よりAKB48所属、15年8月卒業。4歳からピアノを始め、ピアノコンクールで入賞歴も持つ。特技はピアノの背面弾き。2012年ピアニストソロデビューアルバム「呼吸するピアノ」が初登場TOP10入り。現在は、テレビ埼玉「魅力まるごと いまドキッ！埼玉」「マチコミ」、FMラジオNACK5「松井咲子の気になる子さん」など、レギュラー多数。

松井さんが召し上がった「うどん家 一」（p58）の「肉汁うどん」（780円）。冷水でサッと締めた麺は弾力・コシと、ツルツルの食感が共存！店名から「一」の字に盛られている

――例えば、加須市のうどん（P13参照）は、ツルッル、シコシコの麺で、讃岐うどんに近い感覚なので、ぜひ上手にすすってもらえれば、お店の方も「お、なんかすごい人が来たぞ」と。

「なるほど（苦笑）」

――一方で、武蔵野うどんは、昔ながらのお店だと、すすれないんです。すごく麺が硬くて。私はそんな麺を表現するとき、「〝ワシワシ〟した麺」と呼んでいるんですけど。

「え（笑）、『ワシワシ』ってどんな感じですか？」

――加須うどんが「ツルッル」「シコシコ」だとすると、武蔵野うどんは、「ワシワシ」食べてほしいですね！

「なるほど。ちょっと、分かるかも」

――さて、ここで「うどん家 一」さんの「肉汁うどん」を食べてもらいましょう。

（松井さん、おいしそうに「肉汁うどん」を完食！）

「最高です！　このおうどんこそ、私が求めていたものって感じです!!」

――本当ですか！　どのあたりがですか？

「まず麺が好みです！　太さや硬さが『コレだ！』って感じで。そしてツユには、焼いたお揚げが入っていて、その香ばしさもすごくいい。本当に『自分史上ベスト1』です！　おうどんのおいしさにあらためて目覚めちゃった感じです！」

「テレビの楽屋でも、埼玉出身の方と一緒になると、お店の情報交換したりするんです」

もっと埼玉の魅力を発信していきたい！

――さて、「うどん愛」に目覚めていただいたところで、生まれ育った地元であり、現在はPR大使も務められている蕨市の話も聞かせて下さい。

「蕨市は『日本一小さい市』（注：面積が日本最小）なので、自転車があれば1時間くらいで回れるくらい。70年ぐらい続いている夏のお祭り『機祭り』も『町の人が町のことを想って町のためにやってる』っていう雰囲気が大好き。ほかにも、蕨市は成人式発祥の地だったりするんですよ」

――また、埼玉県のPR大使「埼玉応援団」でも活動されていますよね。

「埼玉県の人って、埼玉のこと大好きだなってすごく思っていて。AKB48にいたときも、こじはるさん（小嶋陽菜）とか、まゆゆ（渡辺麻友）とか、ぱるる（島崎遥香）とか、埼玉県出身のメンバーが多くて。だから、さいたまスーパーアリーナで何回もライブができたのは、県民としてすごくうれしかったですね。でも、みんな地元が好きなのに、他県の方に積極的にPRしていくのが苦手。だから、もっと埼玉の良さを見つけていくのも、お仕事だと思っています」

――ぜひ、これからはうどんを通して、埼玉県を再発見して下さい！

「これからもっとさまざまなおうどんに出合うために、埼玉中のうどん屋さんを巡りたくなりました！」

インタビューを終えて

今回、埼玉県のうどんを応援していただけるということで、初めてお会いすることになり、とてもうれしく感じていました。地元の埼玉県に対する思いや、生まれ育った蕨市についての思いは、地元を愛する一般の方と変わらず親しみやすかったです。ただ、やっぱり緊張した一日でした(笑)。

国民的なアイドルグループ出身なので、「きっと小食なんだろう」という予想を裏切って(?)、おいしそうにうどんを完食された姿が個人的には印象的でした。

松井咲子に聞く さいたまうどんの常識！非常識!?

PR大使の名にかけて!? ガチな質問にチャレンジ！

Q1 埼玉県は、うどん生産量が全国で第2位である

松井「はい、これはレギュラーで出演させていただいているテレビ埼玉さんの情報番組でも取り上げたので、知ってました。でもそれまでは、あまり自覚がなかったですね。言われてみればおうどんのお店はいっぱいあるんですけど、『そんなにか！』っていう、ちょっと、驚きもあります」

Q2 県内には、20を超すうどんの種類がある

松井「そんなに多いと思わなかった！ ただ、いくつかは知っていますよ。『武蔵野うどん』『すったて』とかですよね。テレビ埼玉さんの『マチコミ』っていう番組で「おとな散歩」というコーナーをやっているんですけど、加須市にもおうどんのスタンプラリーがありますよね。それで3店舗くらい行きましたよ。県内の各地にいろいろなおうどんがあるんですね」

Q3 さいたまうどんの魅力が県民に伝わっていない

松井「生産量が全国2位って知ってる埼玉県民はすごく少ないと思う。もっともっとPRしていけたらいいと思いますね。埼玉って東西に広いから、例えば、私も（南東にある）蕨市に住んでいたころは、西部エリアの西武線沿線の方とか、あまり行く機会がなくて。同じ県でも知らないことが多いですよね。いまも、『埼玉の名産は？』って聞かれると、決してないわけじゃないんだけど、なかなか絞れなくて『うーん』って迷っちゃう自分がいるので。おうどんは県内にいろいろな種類があるということなので、名産を聞かれたら『おうどん！』って感じで、推せたらいいなっていうのはありますね」

Q4 有名チェーン「山田うどん」のほかにも、ご当地チェーンがある

松井「『山田うどん』はもちろん子供のころからよく行っていました。あのやじろべえのマークには、すごく親しみがあるんですけど、ほかにもあるんですね！」

永谷「『田舎っぺうどん』と『竹國』というお店で、それぞれ10店舗弱あって、チェーン展開しているんですよね。どちらも『武蔵野うどん』のお店なんですよ」

埼玉を日本一の
「うどん県」にする会会長

永谷晶久が語る

埼玉うどん基礎講座

突然「埼玉はうどん王国だ」と言われ、戸惑っているそこのアナタ！
昔から県内各地で“うどん文化”が脈々と受け継がれてきたのには、
きちんとした理由があります。その背景を歴史とともにご紹介します!!

埼玉“うどんレジェンド”1

権田愛三《ごんだあいぞう》（1850〜1928年）

お話を伺ったのは…
ご子孫の
権田宣行さん

うどんを作るのに欠かせない小麦。その小麦の生産量を飛躍的に伸ばした人物が、実は埼玉県にいました。現熊谷市出身の農業生産者・権田愛三です。権田氏は麦の生産方法で今でも使われる「麦踏み」などを全国に広めたことで名前を知られています。当時、権田氏が確立した麦の栽培技術によって収穫量は4〜5倍になったともいわれています。

権田氏が生まれたのは江戸時代末期。当時の栽培方法はいい加減で、麦の種を大量にまいて後は自然に任せる、といった方法でした。そこで権田氏は麦の芽を踏む「麦踏み」を取り入れ、冬に麦の生産をする「二毛作」を行いました。自ら実践し、成果が上がるとともに名前が広まり、全国各地から農業技術に関する質問の手紙が届いたり、直接本人の元に農業従事者や関係者が訪ねてくることも多かったようです。また、成果を書籍にまとめ、日本中で講演を行いました。

農業技術を多くの人々に伝えることに人生をかけた権田氏ですが、自分の事には無頓着で着飾ることもなかったため、講演先の人々に気づかれないこともあったほど。そんな朴訥《ぼくとつ》な人柄から親しみを込めて人々から「麦翁（＝麦王）」と呼ばれたのでした。

「隠れうどん県」が誇る埼玉うどん界の偉人たち

埼玉県はうどんの生産量全国第2位であり、県内ほぼすべてのエリアで独自のうどん文化を持っています。県内にあるうどんの種類も25以上といわれており、これほど、うどんを愛する県でありながら、その認知度は香川県（＝讃岐うどん）と大きな差があり、「隠れうどん県」にとどまっているのが現状です。

そこで、埼玉県が生んだ農業界の偉人・権田愛三、新一万円札の顔となる渋沢栄一など、埼玉の「うどんレジェンド」を紹介しながら、埼玉とうどんの関係を振り返ってみましょう。

埼玉“うどんレジェンド” 2

渋《しぶ》沢《さわ》栄《えい》一《いち》

（1840〜1931年）

渋沢栄一記念館所蔵

「近代日本経済の父」と呼ばれる渋沢栄一は現埼玉県深谷市の農家の生まれ。その深谷のご当地うどんである「煮ぼうとう」は渋沢氏が好んだことに由来し、多くの人に親しまれています。大実業家となった後の1924（大正13）年に郷里に帰った際、家庭料理である煮ぼうとうを食べてとても喜んだといわれています。ちなみに現在はニボートと発音されます。

このため地元では渋沢氏の命日には好物の煮ぼうとうを食べながら偲ぶ「煮ぼうとう会」が開かれ、現在まで受け継がれています。

「武州煮ぼうとう研究会」は、煮ぼうとうを世の中に広め、地元の郷土料理を語り継いでいくために活動しています。

お話を伺ったのは…

武州煮ぼうとう研究会
会長 **根岸祥次**さん

武州煮ぼうとう研究会
榎本博光さん

『昭和御大典記念 八基村村勢調査書』（1932年）に記された 渋沢栄一とご当地うどん「煮ぼうとう」エピソード

“御馳走は主人の心を籠めた家庭料理であつた。その内子爵（編集部注・渋沢栄一のこと）のお好みによる特別な料理が一つあつた。それは方言ニボトーといふ御馳走で手製のうどんに野菜や蒲鉾を入れて煑つけた雑炊のやうな誠にローカルカラーの御馳走である。子爵のお話しに、此地方は稲の刈上け頃は寒い西北風が吹きすさむが、その寒む空に終日稲を刈り、歸つて溫きこのニボトーを喰えるときの甘さは今以て忘れることが出來ぬ。今でも俺は御馳走といへば一番にニボトーを思ひ出すと話されつゝ、さも快けにニボトーをめされてゐた。”

埼玉“うどんレジェンド” 3

細《ほそ》川《かわ》治《じ》三《さぶ》郎《ろう》

（1908〜1984年）

お話を伺ったのは…

ご子孫の
細川博之さん

今では多くのお店で味わえるポピュラーなうどんである「肉汁うどん」を、埼玉県のうどん店で初めて提供したとされるのが、飯能市「こくや」（P64）の4代目店主・細川治三郎です。江戸時代より穀物屋を営んでいた「こくや」は、江戸後期にうどん店を開業しました。当初は、うどんにホウレン草やニンジン、ダイコンなどの茹《ゆ》で野菜を添えたものが主だったそうです。飯能などで産出される杉や檜《ひのき》を総称して「西川材」と呼ぶほど林業が盛んな地域にあって、明治や大正になると、繁華街としてますます栄えていきます。

そして昭和20年代初頭、林業に従事する方々の好みに合うようにと、豚肉のももや肩ロースを使った「肉汁うどん」をメニューに加えたとされています。これが現在につながる「肉汁うどん」の誕生です（諸説あります）。現在の「こくや」のうどんのツユも濃い味付けですが、これは当時のお客さんたちの好みを受け継いでいるようです。

先人たちが紡ぎあげたうどん文化

埼玉県は東西に長く、地域の交流が限定的になりがちです。まして、通信や交通が未発達だった時代は、なおさらだったでしょう。一方、自然環境や食糧事情は似ていたため、庶民の食べ物としてのうどん文化が、数多くの地域で独自に進化したのだと考えています。その上で、権田氏、渋沢氏、細川氏が小麦生産の革新、うどん文化の継承・発展という役割を果たしてくれたおかげで、現在の埼玉県のうどん文化があると、私は考えます。

“埼玉を日本一の「うどん県」にする会”とは？

私、永谷晶久が地元・埼玉県がうどんの生産量が全国第2位ということを知り、2015年4月に設立。「うどんをきっかけにして、県全体を盛り上げたい」という、会の趣旨に賛同していただき、前埼玉県知事の上田清司氏をはじめ200人以上の方に、スローガンである左下写真のクロッキー帳を持っていただきました。県内のうどん店の情報をSNSで発信したり、うどん打ちの講習や講演なども実施しています。興味のある方はfacebookにメッセージを!

www.facebook.com/saitama.udon.1/

埼玉県が誇る独創的なジャンルを一挙紹介

県内に潜む25種類のうどんがコレだ！

町おこしとして開発されたうどんから、古くから伝わる郷土食としてのうどんまで。
うどん文化が根づいている埼玉県には、これほどまでに多彩な種類があった！

県を代表する
六つの地元系

ご当地うどん

❶ 武蔵野うどん

主な出現エリア　**県西部エリア**

埼玉県西部エリアで昔から食べられてきたうどん。麺とツユが分かれているつけ麺タイプで、コシが強く麺が硬いことが特徴。もともとは、糧(かて)と呼ばれる、主に茹《ゆ》で野菜が付け合わせとして出されていた。

発展形がコチラ ▶ **肉汁うどん**

武蔵野うどんのなかで、ツユに豚バラ肉などが入ったうどんを指す。埼玉の家庭では昔から食されていたようだが、商品化したのは「こくや」が最初とされる。

❷ 煮ぼうとう

主な出現エリア　**深谷市**

山梨県の「ほうとう」に似ているが、煮ぼうとうは「カボチャが入らず」「醤油ベースの味付け」で、よりうどんに近い。渋沢栄一が好物だったという伝説も。

❸ 熊谷うどん

主な出現エリア　**熊谷市**

権田愛三の生誕地で全国でも有数の小麦の産地である熊谷。その熊谷産小麦「さとのそら」「あやひかり」をブレンド。小麦の栽培から製麺まで熊谷にこだわる。

❹ 加須うどん

主な出現エリア　**加須市**

埼玉県のうどんのなかでは珍しく、麺がツルツル、シコシコと喉ごしがいい。江戸時代からこの地のうどん文化は続いていて、6月25日は「加須市うどんの日」。

❺ 川幅うどん

主な出現エリア　**鴻巣市**

鴻巣市を流れる荒川の川幅が日本一であることから生まれたうどん。2537mある川幅をイメージした麺はインパクト大でメディアに取り上げられることも多い。

❻ 鳩ヶ谷ソース焼きうどん

主な出現エリア　**川口市**

鳩ヶ谷市が川口市と合併することを受けて、その地名を残すために、当時の市長と商工会青年部が開発。ソース愛好家が多い土地柄から、メニュー選定された。

⑮ トマトカレーうどん
主な出現エリア　**北本市**

大正時代からトマトが栽培され、トマトソース発祥の地ともいわれる北本市で誕生したうどん。

地元の人々に
愛されてます

食文化系

⑯ 呉汁
主な出現エリア　**川島町**

すった大豆とたっぷりの野菜、「芋がら」が入る味噌味。川島町の冬の郷土食として知られる。

⑰ すったて
主な出現エリア　**川島町**

農家に伝わってきた夏の郷土食。ゴマと味噌を合わせ、キュウリやミョウガなど夏野菜が入る。

⑱ ずりあげうどん
主な出現エリア　**秩父地方**

秩父地方の古くからの食べ方。沸騰した鍋にうどんを入れ、茹で上がったらお椀《わん》に「ずりあげる」。

⑪ 小松菜うどん
主な出現エリア　**蓮田市**

埼玉県が生産量全国第1位を誇る小松菜を麺に練り込んだ、「彩の国優良ブランド品」のうどん。

⑫ 藤うどん
主な出現エリア　**春日部市**

ツルツルとした食感と、鮮やかな紫色が特徴のうどん。町おこしの一環として開発された。

⑬ 鳩豆うどん
主な出現エリア　**鳩山町**

鳩山産黒大豆を練り込んだ、そばのような色と食感のうどん。「太い蕎麦」とも呼ばれる。

一度見たら
忘れない!?

ビジュアル系

⑭ 一本うどん
主な出現エリア　**羽生市**

「鬼平犯科帳」に登場するうどんを再現。煮た際にモッチリ感を失わないよう工夫されている。

特産を
うどんに込める

練り込み系

⑦ モロヘイヤうどん
主な出現エリア　**羽生市**

生地に羽生産のモロヘイヤを使用したうどん。綺麗な緑色と、むっちりとした食感が特徴。

⑧ にんじんうどん
主な出現エリア　**新座市**

新座産のニンジンを生地に練り込んで作られたうどん。鮮やかなオレンジ色が目を引く。

⑨ エキナセアうどん
主な出現エリア　**寄居町**

寄居町の特産品で、ハーブティーなどにも使われる「エキナセア」という植物を練り込む。

⑩ ゆずうどん
主な出現エリア　**毛呂山町**

江戸時代から続く産地である毛呂山町のユズを使う。柑橘系のさっぱりとした色と味わい。

まだある!

残念ながら本書に載せられなかったジャンルたち

㉓ シラオカ麺

主な出現エリア **白岡市**

白岡産の農産物など1品以上使用し、白い色をイメージしたメニューを呼ぶ。

㉑ のらぼう菜うどん

主な出現エリア **小川町**

地元産「のらぼう菜」を使ったうどん。味は高菜に似た伝統野菜で喉ごしがいい。

㉔ うちいれ

主な出現エリア **入間市**

地元でとれた季節の野菜とともに、小麦粉を練ったものを入れて煮込む料理。

㉒ つみっこ

主な出現エリア **本庄市**

団子状に練った小麦粉をちぎって入れ、野菜などと一緒に煮込んだ庶民の味。

㉕ 狭山茶うどん

主な出現エリア **入間・狭山市**

日本三大銘茶である狭山茶を麺に練り込んだうどん。お茶の香りが特徴的だ。

⑲ おっきりこみ

主な出現エリア **秩父地方**

幅広い麺を野菜と一緒に煮込む。秩父以外でも、群馬県でも郷土料理として親しまれている。

⑳ あずきすくい

主な出現エリア **秩父地方**

郷土料理である「小豆ぼうとう」がルーツの食べ物。デザート感覚で食べられることが多い。

埼玉県全域に点在する 全25種類出現MAP

は比較的大きめのものが使われる。

●うどん打《う》ち

うどんを打つこと。広くは小麦からうどんを作る作業全体のことを指す。昭和のころまでは埼玉県内の多くの家庭で行われていたが、現在ではうどん打ちを行う家庭は少なくなった。その一方サークルなどでうどん打ちを行う人は増えている。

●うどん王国《おうこく》

埼玉県前知事・上田清司氏が提唱した、埼玉県を指す呼称。県の盛んなうどん文化に着目して名づけられたと考えられる。事実、埼玉県内では昔から家庭料理としてうどんが頻繁に食され、20〜30種類のうどんがあるとされる。また、麦栽培の技術を確立した「麦王」こと権田愛三も埼玉県熊谷市の出身で、まさに王国と呼ぶにふさわしい。

●うどんが打《う》てないと嫁《よめ》にいけない

かつて埼玉県では冠婚葬祭にうどんは欠かせない食べ物であり、嫁入りのスキルとして重宝されていたのがうどん打ちであった。県内の各地で昔の話としてよく耳にする。もちろん今ではこの話が通用する地域は皆無だ。

埼玉うどん用語集❶ あ〜う

●いかき

うどんを湯がくときに使う取っ手のついたざるのこと。別名「テボ」。

●石原壮一郎《いしはらそういちろう》

学生時代に埼玉県で過ごした経験や、自身が「伊勢うどん大使」を務める関係で、埼玉のうどんについても理解があり、永谷の活動の良き理解者。それぞれのうどん文化の素晴らしさを伝える同志。

●一般店《いっぱんてん》

店員が席まで注文を取りに来る営業形態のお店のこと。セルフ店の対比として用いられる。埼玉県の場合は、この形態のお店が大半を占める。

●いりこ

小魚を煮て干したもの。関東では煮干し、関西ではいりこと呼ばれる。香川県の伊吹島のいりこが有名。主にカタクチイワシで作られるがウルメイワシやマイワシで作られることもある。大きさによりダシの風味や濃さが異なっており、うどんで

●足《あし》踏《ふ》み

うどんを作る工程の一つ。グルテンを形成させるために必要な作業工程。粉への水分の浸透を促進し、グルテンに網状組織を作らせ生地をより強く、弾力のあるものにする。主に、腕力が弱い女性がうどんを作るときに行うことが多い。足踏みを行う際に使用する袋は、米を入れるビニールの袋が良いとされる。

●あつあつ

水で締めたうどんを湯通しして、熱いかけダシをかけたもの。

●厚削《あつけず》り

ダシを取るために厚く削ったカツオ節。そば屋では厚削りが用いられる。

●あつひや

水で締めたうどんを湯通しして、冷たいかけダシをかけたもの。

●アルファ化

デンプンが水と熱の働きで糊状になること。おいしいうどんの重要な要素。

②…p74 ③…p91 ④…p111へ

ご当地「加須うどん」をはじめ
個性的な7店舗をピックアップ！

北東エリア

加須市・鴻巣市・行田市・羽生市

- 子亀
- 久良一
- 農村レストラン わらべ
- うどん房わらく
- 鉄剣タロー
- むじな庵
- 五鉄

▶各店舗のMAPはp106へ

ご当地
加須うどん

子《こ》亀《がめ》

ゴマとシソがたっぷり入った甘めの味噌ツユで味わう冷汁うどん。うどんの長さにも注目

開業は昭和22年ごろ。以前は酒屋を営んでおり、客が店先で1、2杯飲んで帰る、いわゆる「角打ち」のような存在だった。その際に酔客の締めとして振る舞っていたうどんが人気を博し、うどんに専念するようになったという。冷汁うどんの店としても知られているが、「埼玉B級ご当地グルメ王決定戦」で優勝した「肉みそうどん」など、粒ぞろいのうどんはどれも人気。こだわりは機械を一切使わないこと。「毎日の温度や湿度の変化に応じて、水分や塩分の微調整ができるから、同じうどんを一年中提供できます」とご主人の岡戸知幸さん。

▲**冷汁うどん**
600円

ゴマとシソをすり、砂糖と味噌を混ぜ合わせた水でといた汁に、冷たいうどんをつけて味わう。夏にキュウリを食べるとき、この食べ方をして、残った汁にうどんをつけて食べたのが始まり。かつては各家庭で作っていたものとか

小上がりやテーブル席のほか、2階には宴会用の席も用意。地元の人たちから愛されており、休日には満席に

一緒に頼もう！
おすすめトッピング

▲野菜天 300円

驚くほど甘い、タマネギとニンジンの野菜天。リピート率も高い

POINT
うどんを食べやすく切らず、長いままで提供するワケは？

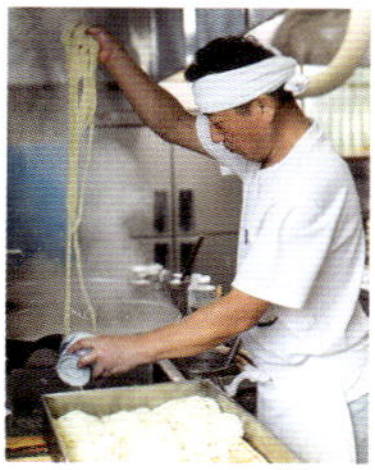

かつてこのあたりでは、どこの家でもうどんを手打ちしていたという。当時長いうどんは、できの良さを意味していたため、今でもうどんを切らずにそのまま提供しているのだそう。

うどんステータス

コシの強さ ●●○○○

麺の太さ ●●○○○

出汁	小麦
カツオ節・利尻昆布	豪州産

加須駅の北、国道125号線沿いにある、瓦屋根が特徴の一軒家。加須を代表する名店の一つだ

子亀

住 加須市諏訪1-15-6　☎0480-62-2876
営 11:00〜15:00(LO14:45)、
17:00〜20:00(LO19:45)
休 ㊍、第3㊌　席 58　P 30　禁煙

こちらそおすすめ！

▲肉みそうどん 620円

「ご当地グルメ王決定戦」のために開発したメニュー。辛めが好みの人のために豆板醤《トウバンジャン》を添えているが、これが肉味噌によく合う！

ご当地
川幅
うどん

久《く》良《ら》一《いち》

こうのす名物川幅うどん。
ハマグリと赤味噌の相性も抜群で
真夏でも人気!

子どものころに祖父が打ってくれたうどんと、祖母が作ってくれた夏野菜入りの冷や汁が忘れられないというご主人の小峰久尚さん。その思い出の味を再現するべく開業。祖父母の名前から一文字ずつ取り、「くらいち」の名をつけた。一番人気の「川幅みそ煮込みうどん」は、人形の街・鴻巣の名物として、ひな祭りの節句料理「ハマグリのお吸い物」にヒントを得て考案。ハマグリと相性のいい赤味噌をベースにしたツユが滋味深いうどんで、当初は寒い季節に味わってもらおうというイメージだった。今では真夏でも冷製・川幅うどんより注文の多い日もあるほどだ。

▲川幅みそ煮込みうどん 1000円

鮮度のいい大ぶりのハマグリから出る濃厚なダシと、赤味噌が味の決め手。このツユに負けないのが、名物の川幅うどん。茹《ゆ》でても途中で切れない限界まで薄く伸ばした麺は、モチモチの食感。小麦の味もしっかりと感じられ、ツルツルと喉ごしもいい

座敷とカウンターを備える広々とした店内。芸能人のサインも多数飾られており、知名度の高さをうかがわせる

うどんステータス

コシの強さ	●●●○○
麺の太さ	●●●●●

出汁	小麦
サバ節・ソウダ節・カメ節・いりこ・昆布・シイタケ	真免許皆伝・白椿・鴻巣産

これも味わいたい！！

絶品サイドメニュー

▲板わさ 580円

今ではうどんの方が有名だが、実は石臼びきの手打ちそばでも名高い。つまみの王道は板わさ。しっかり厚みのある蒸しカマボコは、食べ応え抜群

POINT

麺の幅はなんと8cm！ 鴻巣名物の「川幅うどん」

「川幅日本一を誇る鴻巣をモチーフにした幅広のうどんを」という市の依頼を受け、ご主人が考案したのが「こうのす川幅うどん」。店では希少な鴻巣産小麦を使用し、毎日手打ちしている。

そば、うどんともに手打ちする同店。特に川幅うどんは通常より仕込みに3倍の時間をかけている

▼鴨汁うどん 880円

カツオ節をベースに、鴨《カモ》肉の脂とネギから出たダシが、濃いめのツユと相まって絶品のつけ汁に。シコシコの手打ちうどんともよく絡む

こちらもおすすめ！

久良一

住 鴻巣市人形4-1-36　☎048-542-5542
営 11:30〜15:00(LO14:30)、17:30〜20:00(LO19:30)
休 ㊐昼のみ休　席 32　P 11　禁煙

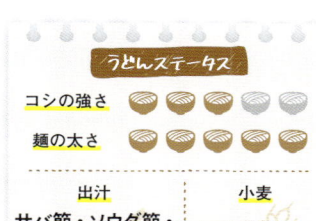

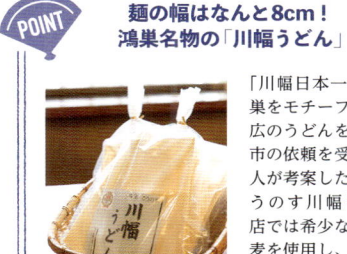

練り込み系
黒米うどん

農村《のうそん》レストラン わらべ

紫色の細麺が美しい
モッチリ食感の黒米うどん

◀**鴨南黒米うどん　950円**
古代米のなかでも餅米に近い黒米と、地元産小麦「あやひかり」を1対9の割合で配合。ちょうどいい色合いとモチモチ感が生まれたうどんと、国産鴨《カモ》を使ったつけ汁は相性抜群

内装のテーマは「田舎の民家風」。どこか懐かしく広々とした店内は、休日になると家族連れでにぎわう

うどんステータス

コシの強さ ●●○○○
麺の太さ ●●●○○

出汁	小麦
カツオ節・ソウダ節	あやひかり

加須市の道の駅「童謡のふる里おおとね」内で、地元産の食材を活用したメニューを中心に提供するレストラン。うどんは自慢の地粉を、ご飯も大利根（現・加須市）の特別栽培コシヒカリだけを使うこだわりよう。6月25日の「加須市うどんの日」にちなみ毎月25日には、うどん全品が50円引きのうれしいサービスもある。

こちらもおすすめ！

▲**冷汁黒米うどん 870円**
加須産キュウリのほか、ゴマや味噌、砂糖を使ったつけ汁は甘じょっぱく子供にも人気

毎年8月ごろには店の周囲に咲くホテイアオイの花が見頃を迎える

農村レストランわらべ

住 加須市佐波258-1　☎0480-72-8777
営 11:00～17:00(LO16:45)
休 第1、第3㊌(㊗とイベント実施日は営業)
席 55　P 78　禁煙

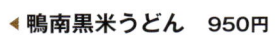

ビジュアル系うどん

うどん房《ぼう》わらく

トロットロのモツがたっぷり！
2種類の味噌が香る鍋焼きうどん

▲**もつ鍋うどん　880円**
3時間じっくりと、2種類の味噌を合わせて煮込んだモツが絶品。そこにコシのあるうどん、シャキシャキのニラやたっぷりのエノキが入り、相性は抜群だ

うどんステータス

コシの強さ	●●●●○
麺の太さ	●●●○○
出汁	昆布・花ガツオ節・イリコ節・イワシ節・ソウダ節・ウルメ節

店内にはお客さんが描いてくれた地元鴻巣のスケッチが。地元客に愛されるアットホームなお店だ

鴻巣の地で25年間続く人気店。開業時は讃岐うどんを提供していたが、武蔵野うどんの要素を取り入れてだんだんと支持を増やしていった。当初はおつまみとして出していたモツ煮込みを、うどんと組み合わせたところ評判に。「もつ鍋うどん」をはじめとする、モツを使ったうどんメニューの数々を求め県外から足を運ぶ客も多い。

こちらもおすすめ！

▲**こってりもつ汁うどん　770円**
モツ煮と武蔵野うどんが組み合わさったぜいたくな一品。濃口醤油の香りが食欲をそそる

広い駐車場と大きい看板が目印。JR北鴻巣駅からは徒歩12分程度

うどん房わらく

住 鴻巣市三ツ木379-6　☎048-597-2034
営 11:00～15:00(LO14:45)、17:00～21:00(LO20:30)、㊋㊌11:00～15:00(LO)
休 月に1度だけ㊌　席 54　P 20

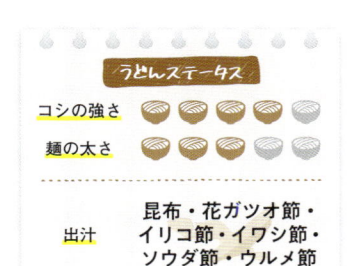

ビジュアル系
うどん

鉄剣《てっけん》タロー

ボタンを押して25秒！
自販機だけど手作りうどん

▲**天ぷらうどん　300円**

施設内の自動販売機で提供される。春はタラの芽、秋はマイタケと、シンプルなうどんの上には季節感のある天ぷらが添えられることもあり、店主の心遣いが伝わってくる

調理済みのものがセットされており、ボタンを押すとツユが注がれて出てくる。いつでもアツアツが味わえる

うどんステータス

コシの強さ	●○○○○
麺の太さ	●●●○○

出汁	小麦
時期により異なる	時期により異なる

国道17号線の熊谷バイパス利用者に向けて、昭和63年に開かれたオートレストラン。深夜でもドライバーたちが食事ができるように、自販機でうどんなどを提供する施設として人気を呼んだ。一時は24時間営業のコンビニが増えたことで客足が減ったが、そのレトロな雰囲気がネットで話題になり、最近では若い客も多く訪れているという。

こちらもおすすめ！

▲**トーストサンド 220円**

250度の鉄板でサンドされて出てくるため驚くほど熱い！　こちらも自販機メニューだ

24時間365日営業。いつでもレトロゲームやアツアツの食事が楽しめる

鉄剣タロー

住 行田市下忍315-1
営 24時間営業
休 なし　席 12　P 17

練り込み系
モロヘイヤうどん

むじな庵《あん》

ムチムチ食感がクセになる！
羽生が誇る栄養たっぷりうどん

◀ **羽生モロヘイヤうどん**
600円
県産小麦と北海道産小麦をブレンドした独自の麺に、羽生の特産で「王様の野菜」と呼ばれるほど栄養豊富なモロヘイヤの粉末を混ぜ込んだ。独特の香りや粘りがたまらない

うどんステータス

コシの強さ

麺の太さ

出汁	小麦
カツオ節・混合ダシ	北海道産・埼玉県産

天井が高く、片面がガラス張りで開放感ある店内。家族連れが多いが、カウンターでゆっくり食事をすることも

羽生市の農林公園「キヤッセ羽生」内にあり、週末だけオープンしている。県産小麦と北海道産小麦をブレンドした麺はツルツルとした食感が特徴。おみやげ用の「はん生うどん」（しろうどん463円、モロヘイヤうどん565円）や、隣接する地ビール「羽生ブルワリー」で製造された地ビール「こぶし花ビール」430円も人気だ。

こちらもおすすめ！

▲ **冷や汁うどん**
700円（夏季限定）
羽生産のキュウリやオオバをたっぷり使用した涼しげな一品。甘みがあり子供にも人気だ

公園や水族館を巡る合間のちょっとした休憩にもちょうどいい

むじな庵

住 羽生市大字三田ヶ谷1725 キヤッセ羽生
☎048-565-5266　営 11:00～15:00（LO）
休 ㊊～㊎　席 27　P 150　禁煙

五《ご》鉄《てつ》

「鬼平」の料理を完全再現
モチモチ食感の極太うどん

▲**一本うどん　850円**

幅2cmを超える極太の一本うどん。高温で煮ても、モッチリ感が損なわれぬよう工夫した麺は、ゴボウやネギを使用した甘めの割り下と相性抜群。茨城県産の半熟特級卵もうれしい

鬼平が生きた文化文政時代を、民俗学者の神崎宣武氏らが監修して、再現した「鬼平江戸処」

うどんステータス

コシの強さ	
麺の太さ	
出汁	小麦
カツオ節	北海道産 麺の郿歌

東京・日本橋人形町にある鶏料理店「玉ひで」が提供する、羽生PA上り線内の店舗。玉ひでの6代目・山田衷二朗は小説家の池波正太郎と親しい間柄で、「鬼平犯科帳」に登場する鶏料理屋・五鉄のモデルは「玉ひで」だとされている。「一本うどん」や「五鉄しゃも鍋定食」1500円といった小説に登場する料理はさすがの人気。

こちらそおすすめ！

▲炙《あぶ》りしゃもつけ麺
1200円

川俣軍鶏《シャモ》や徳島産スダチ（時季によってはユズ）が入ったつけ汁でコシのある麺を味わう

一般道からも入場可。羽生PA（上り）のお客さま駐車場（7:00～22:00、無料）を利用しよう

五鉄

住 羽生市弥勒字五軒1686東北自動車道羽生パーキングエリア（上り）鬼平江戸処
☎048-598-3300　営 10：00～21：00（LO20：30）
休 なし　席 218（鬼平フードコート全体）
P 高速道路本線側262、一般道側35　禁煙

熊谷市は小麦の生産量が県内一！
地の利を生かした8店は名店ぞろい

北西エリア

熊谷市・大里郡（寄居町）・深谷市・
比企郡（鳩山町・小川町・吉見町）

- 元祖田舎っぺうどん 本店
- うどん 熊五郎
- 虎ひげ
- 元祖熊谷うどん 福福
- 鳩豆工房 旬の花
- 武州めん 本店
- 楽楽庵
- 粉家

▶各店舗のMAPはp107へ

ご当地
武蔵野うどん

元《がん》祖《そ》田《い》舎《なか》っぺうどん 本《ほん》店《てん》

シイタケの軸まで無駄にしない、
キノコどっさりのつけ汁スタイル。
麺の量はお好みで

初代が考案したきのこ汁をきっかけに、今や武蔵野うどんを代表する店となったうどん店。つけ汁、麺の量、茹《ゆ》で加減まで好みで選べるスタイルが人気で、開店と同時に行列ができるほど。つけ汁は冷や汁7種、温かい汁6種をベースに、麺の量は半盛りから最大3kgまで7段階ある。また基本的にはコシが強めの麺ながら、柔らかめが好みの人に合わせて、茹で方も3段階選べ、自分流にアレンジできるのがいい。つけ汁も醤油、塩のほか、トッピングにバターを用意するなど、バリエーション豊か。寒い季節限定のひもかわ(幅広麺)煮込みうどんもオススメだ。

▲**きのこ汁**
660円(並400g)
分厚い厚切りシイタケと細くスライスした軸、油揚げと青ネギをサラダ油で炒め、注文ごとに一人前ずつツユを加えて温めたきのこ汁。香ばしく風味豊かなつけ汁に、コシが強めのうどんをたっぷりと。旨辛きのこ汁もある

これも味わいたい！！

絶品サイドメニュー

▲きんぴら 220円

太めのゴボウとニンジンが特徴で、味を染み込ませつつ柔らかく仕上げるには、1時間以上かかるとか。冷たい汁うどんとの相性もばっちり

デザイン集団nendoが手掛けたスタイリッシュな店内。黒を基調に間接照明を用いるなど、厨房の躍動感を演出

うどんステータス

コシの強さ	●●●●○
麺の太さ	●●●●○
出汁	カツオ節

POINT

うどんを茹でた後の「釜湯」にもおいしさのヒミツあり！

麺のくっつきを防止する打ち粉。通常はデンプン質の粉を使う店が多いが、うどんの生地と同じ粉を使うことで、粉の持つ風味と生地の塩分が茹で湯（釜湯）に溶け込み、なんともまろやかな味わいに。

国道407号沿いにある本店。熊谷市内にはほかに3店舗あり、いずれも幅広い世代に人気がある

元祖田舎っぺうどん 本店

住 熊谷市代1061-1
☎048-521-8784 営 10:00～15:00
休 ㊐ 席 61 P 25

▼うま辛肉 660円（並400g）

醤油ベースのつけ汁に、ニラ、ラー油、一味唐辛子などが入った肉ネギ汁の辛いバージョン。後引く辛さの隠し味は、もみじおろし。この酸味がポイントで、辛い汁に麺がよく絡むのだ

こちらそおすすめ！

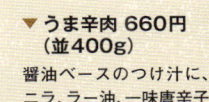

練り込み系
エキナセアうどん

うどん 熊《くま》五《ご》郎《ろう》

ミネラル豊富でヘルシー！
〝エキナセア〟を練り込んだ
寄居町が誇るB級グルメ

▲ざるうどん
500円

エキナセアの葉と桑の葉、白ゴマの粉末を練り込んだ麺は、ほんのり緑色が美しい。独自の配合で、ツルッとした喉ごしとモチモチの食感に仕上げている。噛《か》み締めるとお茶の爽やかな香りがふわっと広がり、甘めのツユとマッチ

寄居駅から徒歩約5分、埼玉でも唯一無二のユニークなうどん店がある。その名も「熊五郎」は、保育施設の元所長だった店主のニックネーム。園児に手打ちうどんを振る舞っていたのが高じて、店をオープンした。茶そばにヒントを得て遊び心で作ったのが、寄居町特産のハーブ・エキナセアを練り込んだうどんだ。塩は使わず、桑の葉も加えてヘルシーに仕上げている。シンプルなざる、ぶっかけ、月見、日替わりの4種すべてにこの麺を使い、どれもなんと500円！ 個性の光る店主とうどんは、体と財布に優しく、大勢の地元客に愛されている。

うどんステータス

コシの強さ	●●●○○
麺の太さ	●●○○○
出汁	カツオ節・煮干し・シイタケ

カウンターやイス、器まで店主・岩垂孝英さんの手作り。田舎の家に遊びにきたようなアットホーム感になごむ

これも味わいたい!!
絶品サイドメニュー

▲餃子 500円

中華料理店の友人からレシピを教わったという餃子が、これまた美味! モッチリ厚めの皮で包む餡《あん》は、ハクサイを一度煮ることでトロッとした食感に

POINT
世界三大ハーブの一つ “エキナセア”とは?

別名「ムラサキバレンギク」と呼ばれ、免疫力向上の効果で知られる健康食材。水と緑豊かな寄居町では、100%無農薬で栽培する。茶葉を使ったうどん以外に、お菓子なども。

園児のための給食施設を改装し、平成19年にオープン。素朴な店構えに手製の看板が目印だ

▼日替わりうどん 500円

ミートソースや麻婆などが日替わりで登場。写真は夏の定番とろろ&大根おろし。当日のメニューはお店のブログでチェック可能

こちらそおすすめ!

うどん 熊五郎

住 大里郡寄居町寄居992 ☎090-8872-3496
営 11:30～13:30 ※1日20食以内、麺がなくなり次第終了
休 ㊏㊐㊗ 席 21 P 8

虎《とら》ひげ

一晩熟成させた麺を使う煮ぼうとう。14種もの具で食べ応え満点

▲**煮ぼうとう**
990円(並200g)
煮ぼうとうの特徴は、醤油ベースのダシと特産の深谷ネギを使うこと。この店では具だけでなく、薬味として細かく切ったネギもついてくる。これをお椀《わん》によそった煮ぼうとうにつけて食べると、ネギのシャキシャキ感も味わえる

創業45年、洋食と煮ぼうとうの店。店主・渡辺昭雄さんの最初の修業先がフレンチだったことから、洋食メニューも豊富だ。深谷名物の「煮ぼうとう」は、昆布とシイタケで取った醤油ベースのダシに、ダイコン、ニンジン、ゴボウなど、地元でとれる季節の根菜を中心に11種の野菜のほか、鶏肉や油揚げなども入り、全14種の具だくさん。麺は足踏みと折り畳むことを計7回も繰り返し、しっかりとコシの強い麺に仕上げている。こうすることで、野菜たっぷりの具にぴったりの麺を作ることができるとか。生麺から煮込むので、適度なとろみがあり、腹持ちも抜群だ。

店内は昔懐かしい洋食店のような雰囲気。カウンター席で店員さんとの会話を楽しみながら食事をするのもいい

うどんステータス

コシの強さ ●●●●○ (4/5)

麺の太さ ●●○○○ (2/5)

出汁	小麦
日高昆布・干シイタケ・サバ節・本節	めん匠

POINT

生地を折り畳んでは踏む作業を繰り返すことで、強いコシが生まれる

力強い煮ぼうとうの麺。生地を折り畳んでは踏み、折り畳んでは踏むという作業を毎回７回繰り返す。これを必ずやらないと、具に負けないコシのある麺を作ることができないとか。

これも味わいたい！！

絶品サイドメニュー

▲深谷葱のグリエ 660円

グリエとは、網焼き料理のこと。つまり、深谷ネギの網焼き。焼くことによって、深谷ネギ最大の特徴である上品な甘みが引き出された逸品

こちらもおすすめ！

▲ご法度 1375円（並200g）

味噌を使う山梨のほうとうとの違いを出すため、煮ぼうとうに味噌を使うのはご法度だが、白味噌とモツの相性が不思議なくらい合う

瓦屋根の日本家屋にウォールランプなどを組み合わせた和洋折衷の装いが、お店のスタイルを表現

虎ひげ

住 深谷市田谷282　☎048-573-2443
営 12:00〜14:30（LO）、17:00〜21:00（LO20:45）
休 ㊋　席 25　P 6

ご当地
熊谷うどん

元祖《がんそ》 熊谷《くまがや》うどん 福福《ふくふく》

日本中の厳選素材がここに集結
味と安全を両立するつけうどん

◀ **肉汁うどん　830円**
小麦は熊谷産「あやひかり」100％。ダシは稚内産利尻昆布や鹿児島産本枯カツオ節など超一級の品々から。さらに県のブランド豚「彩の国黒豚」をふんだんに使った渾身《こんしん》の一品

うどんステータス

コシの強さ　●●●●○
麺の太さ　●●●○○

出汁	小麦
本枯カツオ節・ソウダ節・サバ節・イワシ節・イリコ・利尻昆布	あやひかり

店内の各所には食材の産地を明示する張り紙。おいしいものを安心して食べてほしいという気持ちの表れだ

農業が盛んな地元・熊谷で作られた小麦や野菜を使ったうどんが多数。熊谷産のシメジやシイタケを使った「きのこ汁うどん」８３０円も人気だ。また、「カレー汁うどん」９４０円には奄美大島産の生ウコンを、「辛肉汁うどん」８８０円には島根県雲南産の唐辛子をそれぞれ使用するなど、食材選びには吟味を重ねている。

こちらそおすすめ！

▲ **松阪牛の肉汁うどん　3850円**
高級しゃぶしゃぶ店などで使われるA5ランクの三重県産松阪牛を約120g使用した一杯

利根川のほど近くに店を構える。群馬や栃木から訪れる客も多い

元祖 熊谷うどん 福福

住 熊谷市妻沼1861-2 1F　☎048-589-2900
営 11：00～18：00（LO、麺がなくなり次第終了）
休 ㊊　席 30　P 10　禁煙

練り込み系
鳩豆
うどん

鳩《はと》豆《まめ》工《こう》房《ぼう》 旬《しゅん》の花《はな》

噛《か》みしめるほどに広がる黒大豆の豊かな風味

▲**鳩豆うどん Cセット 850円**

まるで太めのそばのような黒い麺は、ツルツル＆モチモチ。豆の優しい甘さをじんわり感じられる。ダシの利いたツユは辛口で、セットの天ぷらとも相性がいい。小鉢つき

うどんステータス

コシの強さ ●●○○○

麺の太さ ●●●○○

出汁	小麦
昆布・カツオ節	埼玉県産含む国産ブレンド

座敷とテーブル席のある広めの店内。元気なお母さんたちが切り盛りし、まさに"お袋の味"を楽しめる

こちらもおすすめ！

▲肉汁うどん
850円

埼玉県産の豚バラがたっぷりで、食べ応え満点。甘い脂が溶けた濃いめの汁が麺に絡む

鳩山町の特産品を販売する施設にある食事処。農産物や加工品も販売する

鳩山町の名物「鳩豆うどん」が食べられるこの店は、地元の女性有志が結成する「美味の会」が運営。うどんに練り込まれた特産品の黒大豆は、抗酸化作用に優れ栄養もたっぷり。大豆を発芽させてから使うことで、うどんに自然な甘さを引き出している。季節の地場野菜を使った天ぷらや手作り小鉢も絶品なので、セットで味わいたい。

鳩豆工房 旬の花

住 比企郡鳩山町熊井76-1　☎049-298-1523
営 11:00～14:30、㊏㊐～15:00（LO各30分前）
休 ㊍　席 32　P 38

ご当地
武蔵野うどん

武州《ぶしゅう》めん本店《ほんてん》

製麺所直営のうどん店。麺の噛《か》み応えと弾力の黄金比が楽しめる！

◀ **肉汁うどん(中盛)　850円**
汁にホウレン草・きんぴらを加えて食べるのがオススメ。ダシの旨味もさることながら、硬さとモチモチ感双方を両立させた特製麺自体の風味も存分に楽しめる

カウンターにテーブル席、奥には広い座敷も完備しており、1人でも家族連れでも入りやすい雰囲気だ

うどんステータス

コシの強さ	4/5
麺の太さ	3/5

出汁	小麦
枕崎産カツオ節・サバ節	北海道産・豪州産

創業100年を誇る老舗製麺所「武州めん」直営のうどん店。製麺所の所長も兼ねる店主がブレンドした粉と、秩父山系からの伏流水を使った、コシのあるうどんは喉ごし抜群だ。令和元年5月からメニューが一新されたが、定番の「肉汁うどん（中盛）」は変わらぬ人気。新登場の「大海老天付かけうどん」も支持を伸ばしている。

こちらもおすすめ！

▲ **大海老天付かけうどん　1200円**
5月からの新メニュー。大海老天の衣は、サクサクで食べるもヒタヒタで食べるもよし

東武東上線小川町駅から徒歩5分。大きな製麺所が目印になる

武州めん本店

住 比企郡小川町小川500-1　☎0493-72-1212
営 11:00～14:30（LO14:20）㊏㊐㊗11:00～15:00（LO14:30）
席 40　P 50　禁煙

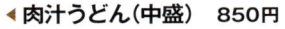

練り込み系
小松菜うどん

楽《らく》楽《らく》庵《あん》

小松菜の香りがほんのり漂う
栄養豊富な創作うどん

▲天ぷらもりうどん　650円(＋50円で小松菜うどんに)
吉見町の小麦「さとのそら」に、上尾市産の小松菜の粉末を練り込んだ、ビタミンやミネラル豊富なざるうどん。通常のうどんよりも水を1%だけ増やし、ツルっとした食感に

うどんステータス

コシの強さ　●●●○○
麺の太さ　●●○○○

出汁	小麦
カツオ節・サバ節	さとのそら

広く余裕のある造りの店内。テラス席も三つあり、施設内の広場を眺めながら食事を楽しむこともできる

吉見町の道の駅「いちごの里よしみ」内にある。地産地消にこだわり、料理には特産のイチゴや小松菜を活用、うどんも地産の小麦粉を100%使用している。吉見産の完熟トマトをふんだんに使用した「吉見トマトのミートソースうどん」770円は、うどんをミートソースとチーズ、半熟卵でパスタ風に楽しめる一品だ。

こちらもおすすめ！

▲いちごカレーうどん　790円
辛口カレーに、吉見産イチゴのピューレをかけてマイルドな味わいに。カマボコがアクセント！

道の駅開設当初から、観光客や地元民の舌を楽しませ続けている

楽楽庵
住 比企郡吉見町大字久保田1737
道の駅いちごの里よしみ内　☎0493-53-1530
営 11:00～15:00(LO14:45)、㊏㊐㊗11:00～16:00(LO15:45)　休 なし
席 80　P 211(道の駅いちごの里よしみ)　禁煙

ご当地
武蔵野うどん

粉家《こなや》

来店してから打ち始める
実直なコシのある手打ち麺

◀**つけ汁うどん　550円**
手打ちならではの、コシの強いちぢれ麺が楽しめるつけうどん。並盛でも450gの大ボリュームで、平日でも男性客を中心ににぎわう。茹《ゆ》で湯で割っていただくダシも味わい深い

店主自らうどんを打つ。その様子は店の内外からも見ることができ、その手際のよさに思わず見入ってしまう

うどんステータス

コシの強さ	●●●●○
麺の太さ	●●●○○

出汁	小麦
昆布・カツオ節・サバ節・ウルメ節	薫風

シンプルな武蔵野うどんを提供するお店。脱サラ後に県内の有名店で修業を積んだ店主が開業した。客席から厨房全体を見渡せるようになっているのは「その方が安心して食べてもらえるから」。豚肉、きのこ、鶏塩、カレーの各種つけうどん６５０円などリーズナブルなメニューが人気を呼び、休日には３００食を売り上げる。

こちらもおすすめ！

▲豚肉ごま汁うどん
650円
お隣の寄居町にある養豚場で育った豚肉を使用。染み出た甘い脂がうどんとマッチする

国道140号沿いに位置する。ドライバーからも圧倒的な支持だ

粉家
住 深谷市小前田289-1
☎048-584-5678　営 10:30〜15:30（LO）
休 ㊐　席 69　P 50　禁煙

県庁所在地のさいたま市を含む
8市から老舗＆気鋭の12店が登場！

南東エリア

春日部市・川口市・さいたま市・桶川市・
新座市・和光市・北本市・蓮田市

- めん房朝日屋
- 居酒屋 あいづ
- 旨辛うどん 藤原 浦和高砂店
- 藤店うどん
- 手打ちうどん いしづか
- 堀天
- べに花 ふるさと館
- 新倉うどん ひろとみ
- 手打饂飩 寿庵
- さぬき・むさし野うどん水織
- 翁の郷
- ホームズさいたま タニタ食堂

▶各店舗のMAPはp108へ

練り込み系
藤うどん

めん房《ぼう》朝《あさ》日《ひ》屋《や》

アヤムラサキイモの粉末を練り込んだ、美しい藤色の麺。目にも鮮やかで食欲をそそる

昭和47年創業。地域の人が気兼ねなく集まれる場所を、という思いから、当主のご両親が開業した。目にも鮮やかな「藤うどん」は、地元・春日部市麺業組合の有志が集まって完成させた当地の名物。特別天然記念物に指定されている「牛島の藤」にふさわしいメニューを作ろうと考案したもの。試行錯誤の末、完成したのが平成15年の春。美しい藤色の正体は、皮も実も紫色をしたアヤムラサキイモだ。「天ぷら藤うどん」のほか、寿司と藤うどんが食べられる「藤うどんにぎりセット」がある。ほかにも、希望すれば全麺商品を藤うどんに交換可能(有料)。

▲藤うどん
605円

2種類の国産小麦粉を用い、足踏みで作られるコシのある自家製うどん。春日部名物の藤うどんには特に、県内産小麦の「あやひかり」を使用している。モチモチ、ツルツルの食感で、喉ごし抜群。土産用の半生うどんもある

地域の人が楽しく集まれる場所になれれば、との思いで開店。今もその意志を受け継ぐ2代目の時田将利さん

これも味わいたい!!

絶品サイドメニュー

▲まぐろ刺身 1382円

豊洲のマグロ専門業者から直接仕入れたマグロは、常連さんに人気の品。運が良ければ品切れ必至の「まぐろのブツ」440円があることも

POINT 特別天然記念物「牛島の藤」にちなんだ美しい藤色のうどん

市花で特別天然記念物、樹齢1200年の「牛島の藤」にちなんで、県内産の小麦粉「あやひかり」を使用して作られた藤うどん。きれいな藤色を出すため、アヤムラサキイモの粉末を練り込んでいる。

うどんステータス

コシの強さ	●●●○○
麺の太さ	●●●○○

出汁	小麦
枯れ本節・ソウダ節・利尻昆布・マイタケ・シメジ	あやひかり

県道10号沿いに建つ。個室や宴会場も完備し、法要など大人数の集まりにも利用されている

めん房朝日屋

住 春日部市藤塚2371-32
☎048-736-1296 営 11:00〜21:00(LO20:30)
休 ㊌ 席 130 P 40 禁煙

こちらもおすすめ!

▲焼きチーズカレーうどん 1058円

2種類の南蛮粉と自家製南蛮粉を独自にブレンドしたカレーうどんは大人気。そこに香ばしい焼きチーズをトッピングした一品

ご当地
鳩ヶ谷ソース焼きうどん

居《い》酒《ざか》屋《や》あいづ

粉チーズでソースの味がマイルドに。稲庭風の細麺がよく絡み、パスタ感覚で味わえる

昭和61年創業。店名は、母である先代の出身地・福島県の会津から。店内には、今では珍しい小銭のみ入れることが可能な公衆電話もあるなど、昭和の雰囲気が漂う。店主の廻谷敏行さんは、元はフレンチのシェフで洋風テイストを盛り込んだ料理が好評だ。人気の「ソース焼うどん」は、もともと昭和10年から当地に工場があったブルドックソースと、地元・鳩ヶ谷商工会がコラボして作った「焼きうどんソース」と埼玉のうどんを絡めたご当地グルメ。他店とは異なり、仕上げに振りかける粉チーズがこの店の特徴で、味がマイルドになると評判だ。

▲ソース焼うどん
715円

鳩ヶ谷ソース焼きうどんの決まりごとは専用の「焼きうどんソース」を使うこと。ゆえに店によって味が異なり、この店では仕上げに粉チーズを使うことで、味がまろやかに。また魚介系のダシとチーズとの相乗効果で旨味も倍増

うどんステータス

コシの強さ

麺の太さ

出汁　昆布・煮干し

長いカウンターに小上がりがある店内。どこかほっとするノスタルジックな雰囲気で、地元の常連客も多い

これも味わいたい!!

絶品サイドメニュー

▲あいづ焼 660円

先代である店主のお母さまが、旅行先で食べた一品をアレンジ。お好み焼きのような感覚で楽しめる、トロトロふわふわのとろろ焼き

POINT

コーヒー豆の香りが際立つ オリジナルの「コーヒー焼酎」

コーヒーの香りが引き立つよう、クセの少ない焼酎にコーヒー豆を4、5日つけたもの。ヒントは沖縄で飲まれている「泡盛コーヒー」で、今ではヒットアイテムの一つ。550円。

元はフレンチのシェフをしていたという店主の廻谷さん。穏やかな人柄とおいしい料理が魅力だ

居酒屋 あいづ

住 川口市桜町1-5-30
☎048-281-7463
営 11:30〜14:30(LO)、18:00〜0:00(LO23:15)
休 ㊊　席 30　P 1

▼焼うどん 605円

あっさりとした醤油味。非常にボリュームがあるソース焼うどんに対して、こちらはさっぱりと食べることができるので、締めにもオススメ

こちらもおすすめ！

ご当地
武蔵野うどん

旨《うま》辛《から》うどん 藤《ふじ》原《わら》 浦《うら》和《わ》高《たか》砂《さご》店《てん》

「辛×肉汁うどん」の発祥。
自家製の和風ラー油とダシが利いた、
旨くて辛いガツン系

▲**旨辛肉汁うどん**
820円(並350g)
ベースとなるのは「肉汁うどん」。単に辛くしただけでなく「辛いけど旨い」がこだわり。うどんに合うよう開発した自家製の和風ラー油とダシが利いた旨辛いつけ汁は、ヤミツキになること間違いなし。辛さはレベル0.1〜5まで7段階から無料で調節可能

「旨辛肉汁うどん」を広めるために、この店名にしたという店主の藤原幸喜さん。辛いうどんを始めたきっかけは、「肉汁うどん」を食べている人たちのなかに、大量の七味をかけている人を見掛けたから。ならば、最初から辛い肉汁うどんを作ってみようと思ったとか。特徴は自家製のラー油で、「うどんに合う」和テイストがミソ。麺はツルツル食感を出すために一玉一玉丸め、コシを出すための足踏みも欠かさない。また毎朝5時から取るダシは2種類のサバ節とカツオ節を使用、かえしは本みりん、2種類の醤油、砂糖を2週間寝かせてから使う徹底ぶり。

清潔感たっぷりの店内。麺に使う水も軟水器を用いてうどんに合うよう工夫を続けるなど、真摯な姿勢に驚く

これも味わいたい!!
絶品サイドメニュー

追い飯 100円

旨辛肉汁うどんのつけ汁にご飯を入れて食べてみると、まるでカルビクッパのような味わい。うどんの締めに注文する人は後を絶たない

POINT

うどんに合うように開発した自家製の和風ラー油

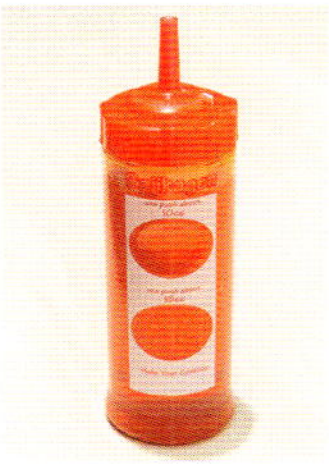

開発当時は「食べるラー油」が流行中で、使ってみたところ全く合わず。そこで自ら「うどんに合う」ラー油を作ろうと決心。試行錯誤の末、2種類の唐辛子を用いたまろやかで香ばしい、自家製和風ラー油を完成させた。

うどんステータス

コシの強さ

麺の太さ

出汁　サバ節2種・カツオ節

辛いもの好きの人たちに、ぜひ旨辛肉汁うどんを知ってもらいたいと県中心部の浦和に3号店を構えた

旨辛うどん 藤原 浦和高砂店

住 さいたま市浦和区高砂4-6-14
☎048-764-8115　営 11:00～14:30(LO14:15)
休 ㊐　席 18　P なし

こちらもおすすめ!

▲DEATH UDON 1100円(並350g)

超激辛唐辛子をたっぷりと使い、ドクロマークが描かれたレベル20の激辛うどん。激辛マニアのリピーターが続出だそう

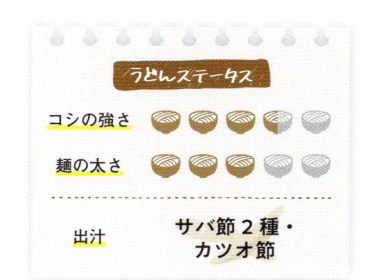

ご当地
肉汁うどん

藤《ふじ》店《だな》うどん

ゴロっとした具がこれでもかと盛られた肉汁。噛《か》めば噛むほど味が出るうどんと絡めて

昭和30年、定食屋として創業し、平成13年にうどん専門店としてリニューアルをした。その際、武蔵野うどんの店をいくつか参考にして肉汁うどんをメニューに取り入れたそうだ。ただ、創業当初からのうどんは変えず、ゆえに「我々のうどんは、武蔵野うどんではなく、藤店うどんです」と主人の小島雅偉《がい》さんは語る。一般的な武蔵野うどんは地粉を用い、麺は茶色く色みがかり、太く硬いのが特徴だが、この店の麺は白く、とてもみずみずしい食感となる。また汁には国産の最高級豚肉を100gも使用し、器からはみ出さんばかりのボリュームだ。

▲**肉汁うどん**
750円
ものによってはすすることも難しいほど硬い武蔵野うどん。それに対してこの店のうどんは、みずみずしく、喉ごしもいいのが特徴。具材はネギ、豚肉、油揚げと極めてシンプル。ゴロっと盛られた具と甘めのつけ汁に、よく絡む

広々とした店内には、小上がり、テーブル席、カウンターもあり、家族連れでも1人客でも、幅広く対応可能

うどんステータス

コシの強さ

麺の太さ

これも味わいたい!!

絶品サイドメニュー

▲小えび天盛 400円

店内で揚げたてを味わえ、エビの食感も抜群。また名前から想像できないほどボリュームがあり、これだけでも十分おなかを満たしてくれる

POINT

営業時間より長い仕込みの時間が人気の秘《ひ》訣《けつ》

「5時間の営業時間に対して、仕込みの時間は6時間。毎朝丁寧に食材を仕込み、おいしいうどんを提供する。これこそが藤店うどんが愛される理由ではないでしょうか」と語る小島さん。

ロードサイドにあり、営業前には行列になる大人気店だが、うどんの提供がスピーディーで回転も早い

藤店うどん

住 さいたま市西区三橋6-14-7
☎048-624-2509　営 10:00～15:00(LO)
休 ㊐㊗　席 75　P 54　禁煙

▼きのこ汁うどん 750円

シイタケ、エノキ、長ネギ、揚げといった具材がぎっしり入った一杯。あっさりとした味わいが特徴で、ヘルシー嗜好の人にオススメ

こちらもおすすめ！

ご当地
肉汁うどん

手《て》打《う》ちうどん いしづか

キリッとした醤油の風味のツユに白く美しいモチモチ麺がよく絡む

▲牛肉汁　756円

薄口醤油と濃口醤油をブレンドした風味豊かなツユに、国産牛バラ肉の上品な旨味が合わさったスープが特徴。口当たりは柔らかだが、歯応えのあるうどんとの相性は抜群

明治時代から130年以上続く老舗うどん店。現在当主を務めるのは、大のうどん好きで、全国各地のうどんを食べ歩いた経験を持つ4代目の石塚正和さん。山梨県・富士吉田の名物、吉田うどんがお気に入りというだけあって、正和さんの打つうどんはしっかりとしたコシが感じられるが、滑らかで伸びの良さも兼ね備えた逸品だ。

和の造りと落ち着いた照明が印象的な店内。レトロな調度品が随所にあしらわれていて、雰囲気満点

うどんステータス

コシの強さ	●●●○○
麺の太さ	●●●○○

出汁	小麦
昆布・カツオ節・ソウダ節	さくら夢2000・豪州産

こちらもおすすめ！

▲牛ホルモン（温）
756円

プリプリの牛ホルモンがたっぷり入った珍しいうどん。ショウガ、辛味噌で味に変化を

旧中山道沿いにたたずむ老舗。黒くモダンな外観が目を引く

手打うどん いしづか

住 桶川市南1-7-5
☎048-771-1277　営 11:00～20:00（LO19:30）
休 ㈬　席 34　P 禁煙

練り込み系
にんじんうどん

堀天《ほりてん》

コシのあるシコシコの細麺と鮮やかなオレンジ色に感動

▲温・にんじんうどんセット　1650円

新座産ニンジンのペーストを練り込んだ麺はほんのり甘く、喉ごしもいい。とろろやナメコなど具もたっぷり。堀天特製のいなり寿司が二つついて、大満足のセットだ

うどんステータス

コシの強さ	●●●●○
麺の太さ	●○○○○

出汁	小麦
カツオ節	白椿

広々としたホールにはカウンターとテーブル席、小上がりを完備。個室の座敷もあり、宴会利用もOK

こちらもおすすめ!

▲天ぷらつきごぼううどん 1375円

ゴボウをミキサーで砕き、水の代わりに絞り汁を混ぜて作るので、食物繊維が豊富

昭和42年に創業したときから、地域で親しまれている和食の殿堂

旬の食材を取り入れた日本料理店で味わえるのは、ヘルシーで新感覚の野菜うどん。新座特産のニンジンを練り込んだ「にんじんうどん」は平成14年に誕生し、ご当地グルメとして定着。まるでそばのような見た目に驚く「ごぼううどん」は、地元製麺所が試行錯誤の末に開発した新名物。生麺販売がメインで、食べられる店はここだけ!

堀天

住 新座市堀ノ内1-11-11　☎048-478-0184
営 11:00〜22:00(LO21:30)
休 第1·3㊌(㊗の場合営業)　席 100　P 60

ご当地
武蔵野うどん

べに花《ばな》ふるさと館《かん》

武骨な太麺に地元・桶川の醤油を使ったつけ汁がよく絡む！

◀ **田舎汁うどん　720円**

「茜」と「萌」2種類の地粉を使用したコシの強い手打ち麺が特徴。3週間寝かせたかえしを使用した濃いめのつけ汁には、鶏肉、ミョウガやナス、ネギといった具材がたっぷり

明治後期に建てられた民家を改修して作られた母屋が食事スペース。当時の梁《はり》も残されており、風情満点

うどんステータス

コシの強さ	●●●●○
麺の太さ	●●●●○

出汁	小麦
枕崎産カツオ節・利尻昆布	茜・萌

桶川市の素封家《そほうか》「廿楽《つづら》」氏の邸宅を改修して作られた文化交流施設。築100年を超える古民家で食べるうどんは昔懐かしい素朴な味わいだ。毎朝仕込むという手打ちうどんは「ワシワシ」という食感がふさわしい王道の武蔵野うどん。歯応えがあり、噛《か》めば噛むほど小麦の香りが口に広がる絶品。少し濃いめのつけ汁とも相性抜群だ。

こちらもおすすめ！

▲ 肉ねぎ汁うどん
720円

豚バラ肉と炒めた長ネギがゴロゴロ入った武蔵野うどん。ネギの甘味がクセになる味わい

食事処のほか、毎月第2土曜日はうどん打ち体験も実施（1500円）

べに花ふるさと館

住 桶川市大字加納419-1
☎048-729-1611　営 11：00～20：00（LO19：00）
休 ㊊（㊗の場合は翌日）　席 54　P 150　禁煙

食文化系
ずりあげうどん

新倉《にいくら》うどん ひろとみ

ダシ醤油でシンプルに食せば
小麦の風味と甘さが際立つ

▲**ずりあげうどん(季節のかき揚げつき)　957円**
茹《ゆ》で汁に入った麺をお椀《わん》にずりあげてダシ醤油をかける、昔ながらの食べ方。ちぢれ麺が口のなかでプリプリと跳ね、噛《か》むほどに滋味深い。削り節などの薬味を好みでまぶして

木の茶色とベージュを基調とした温かみのある空間。席の間隔が広く、ゆったりとした時間を過ごせる

「新倉うどん」とは、地元製麺所が作る和光ブランド認定のうどん。手もみで仕上げるちぢれ麺は、加水率が高くモチモチ。その魅力を広めようと、都内名店で修業をした店主が専門店をオープン。3種の削り節でダシを取ったツユが、コシの強さを引き立てる。麺の味を存分に楽しむなら、ダシ醤油で食べる「ずりあげ」がおすすめ。

こちらもおすすめ!

▲**ごぼう天うどん 880円**
ダシが利いたコク深いツユがちぢれ麺によく絡む。ゴボウ天ぷらはサクサク食感

女性の1人客でも気軽に入れる店をコンセプトに、モダンなカフェ風の店構え

新倉うどん ひろとみ
住 和光市本町12-33 島田テナントビル1F-C
☎048-424-7158
営 11:30〜15:00(LO)、17:30〜20:30(LO20:00)
休 不定休　席 24　P なし　禁煙

ご当地
肉汁うどん

手《て》打《うち》饂《う》飩《どん》 寿《ことぶき》庵《あん》

〝うどん評論家〟の店主による
こだわり食材満載の肉汁うどん

▲**肉汁うどん(並)　1210円**
15分間茹《ゆ》でたうどんは甘くむっちりとした食感。埼玉の柔らかい銘柄豚や深谷ネギ、油揚げやマイタケなど食べ応え十分な具材がたっぷり入った濃厚つけ汁との相性も抜群だ

「十四代」など、200種類の日本酒を常備。コース料理に加え、日本酒飲み放題6000円のフェアを年4回開催

うどんステータス

コシの強さ	●●○○○
麺の太さ	●●●○○

出汁	小麦
サバ節・カツオ節	さぬきの夢

うどん評論家として20年近く活動してきた店主が開店。肉汁うどんにはやや濃いめ、肉きざみうどんには薄口醤油ベースのさぬき・関西風ダシを使用するなど、メニューごとにダシを吟味するこだわりようだ。足踏みから作り上げているうどんは、むっちりとした食感が特徴。平日ランチで120食が売り切れることもある人気店だ。

こちらもおすすめ!

▲肉きざみうどん
1210円
しゃぶしゃぶ用の柔らかい銘柄豚をたっぷりと使用。ダシを吸った肉厚油揚げも絶品!

㊏㊐㊗の13:00ごろには、ガラス越しに職人のうどん作りの様子が見られる

手打饂飩 寿庵

住 さいたま市北区本郷町167-1　グランドプルミエール1F　☎048-654-3505
営 11:30～14:30(LO14:15)、18:00～21:00(LO20:30)㊏㊐㊗のみ昼は11:00～15:00(LO14:30)
休 ㊊㊋(㊗の場合は翌日休み)
席 36　P 16　禁煙

ビジュアル系
トマトカレーうどん

さぬき・むさし野《の》うどん 水《み》織《おり》

スパイスの香り漂う
ミートソース風カレーうどん

▲トマトカレーうどん（並） 750円

「埼玉B級ご当地グルメ王決定戦」で優勝した北本市のトマトカレーをアレンジし、うどんと組み合わせた一品。付け合わせの北本産揚げトマトは、加熱したことで甘みアップ！

トマトカレーが学校給食に出るほどに馴染んでいる北本市で、トマト料理やうどんを中心に人気を博してきたレストラン。うどんは長時間しっかりと茹《ゆ》でることで、誰でも食べやすい柔らかさと、しっかりした弾力を両立。㊏㊐㊗は小学生以下向けの「お子様トマトカレー」440円が半額になるなど、家族連れにうれしいサービスも。

広い店内は、休日になるとファミリーの利用でにぎわう。昼は全席禁煙、夜になると一部喫煙可の分煙になる

うどんステータス

コシの強さ	●●●●○
麺の太さ	●●●○○
出汁	昆布
小麦	北海道産

こちらもおすすめ！

▲温玉ぶっかけうどん 560円

温と冷を選べるぶっかけうどん。国産の大根おろしやネギ、焼津産カツオ節が香ばしい

うどん店が林立する国道17号線沿いに位置する。大きな看板が目印だ

さぬき・むさし野うどん水織

住 北本市本宿4-33-3
☎048-590-1122 営 10:30～15:30（LO15:00）17:00～22:00（LO21:30）
休 不定 席 100 P 45

ご当地
武蔵野うどん

翁《おきな》の郷《さと》

ワシワシとした麺。肉の旨味が利いた汁
これぞ王道の武蔵野うどん

▲**肉汁うどん　850円**
少し硬めに茹《ゆ》でられた歯応えのある麺と、薄切りの豚バラ肉、長ネギ、油揚げが入った甘辛のつけ汁につけて食べる武蔵野うどん。夕方には売り切れ必至の人気メニューだ

地元・蓮田の製麺メーカー「岩崎食品工業」がプロデュースする持ち帰り麺専門店「翁の郷」が、蓮田SA（上り）に平成30年7月、満を持してオープン。高速道路からだけでなく、一般道からもアクセス可能だ。うどんは県産の小麦を使った特製麺、つけ汁は県産醤油で作られた甘辛いツユで、シンプルな武蔵野うどんを味わえる。

うどんステータス

コシの強さ
麺の太さ

出汁
カツオ節・サバ節

小麦
埼玉県産

大好評の「肉汁うどん（3人前・つゆつき）」864円がSA内「旬撰倶楽部」にて販売中。土産としても購入可能

こちらもおすすめ！

▲**カレーうどん 680円**
カツオダシが利いた和風仕立てのスパイシーなカレーうどん。身も心も温まる一品だ

お昼時特に混み合うが、回転率がいいのでオーダーもスムーズ

翁の郷
住 蓮田市大字川島370番地 蓮田SA（上り）フードコート内　☎048-731-8080　営 24時間営業
休 なし　席 約330（フードコート客席）
P 高速道路本線側491、一般道側約90　禁煙

ご当地
武蔵野うどん

ホームズさいたま タニタ食堂

ヘルシーだけどボリューミー！
塩分控えめ具沢山カレーうどん

▲ **カレー肉汁うどん　870円**

トマトの酸味を生かしてルーの量を減らし、塩分量は通常のうどんの半分以下の2.3gに。豚肉のほかトマトやタマネギ、長ネギといった野菜が豊富で大満足な限定メニュー！

店内には体組成計などタニタの各種健康機器がディスプレイ。見るだけでなく、この店で購入することも可能だ

うどんステータス

コシの強さ	●●●●○
麺の太さ	●●●○○

出汁	小麦
カツオ節・昆布など	埼玉県産あやひかり

タニタ社員食堂のものと同じ「日替わり定食」900円や、武蔵野うどんを基に考案されたメニューなどが楽しめる。カレー肉汁うどん、肉汁うどんはこの店舗限定で、無塩麺を使用するなどして塩分を大幅にカット。提供メニューは季節により変わる。利用者は無料で管理栄養士の健康アドバイスが受けられる（11～15時、㊋㊌は除く）。

こちらもおすすめ！

▲ 肉汁うどん
870円

大きめにカットして、噛《か》み応えを残したナスや長ネギがたっぷりで食べ応えは抜群だ

店舗は、健康関連の店が連なるフロア「HEALTH MALL」の一角に

ホームズさいたま タニタ食堂

住 さいたま市中央区上落合8-3-32 ホームズさいたま中央店2F　☎048-851-1584
営 11:00～19:00（LO18:30）、㊏㊐㊗11:00～20:00（LO19:30）
休 施設に準ずる　席 42
P 336（ホームズさいたま中央店）　禁煙

町おこしで
誕生した
ご当地うどん

「鳩《はと》ヶ《が》谷《や》ソース焼きうどん」誕生ストーリー

うどんがポピュラーな存在である埼玉県では、町おこしとして、グルメ開発のテーマに、うどんが用いられるケースも多い。なかでも、誕生から人気が広がり続ける成功例を紹介します！

日本五大焼うどんにも認定されました!!

▲「居酒屋 あいづ」(p42)の「ソース焼うどん」 ▶お話を伺ったのは、開発に携わった鳩ヶ谷商工会青年部のメンバー

2011年、川口市に編入合併された旧鳩ヶ谷市。その合併前、鳩ヶ谷商工会青年部員と鳩ヶ谷市長が語り合う会で、「町おこしのためと、消滅してしまう鳩ヶ谷市の名を残したい」との提案から、鳩ヶ谷の名を冠したB級グルメ開発がスタートした。

戦前から鳩ヶ谷市にはブルドックソースの工場があり、ソース愛好家が多い土地柄。身近な食材のうどんを使った「焼きうどん」の試作が繰り返され、商工会青年部とブルドックソース株式会社の共同により「焼きうどん専用ソース」が完成。「鳩ヶ谷ソース焼きうどん」が誕生した。

現在、市内では20店舗ほどで「鳩ヶ谷ソース焼きうどん」が販売されていて、各地のイベントなどに出店して、その普及を行っている。埼玉県産小麦粉を100%使った焼きうどん専用麺の開発や、冷凍食品の販売、スーパーでのパッケージ商品化、市内小学校の学校給食のメニューにも登場するなど、早くも川口市内の定番グルメとして定着し始めている。

販路の拡大や、関連商品開発にも意欲的

武蔵野うどんの発祥地ともいわれる
うどん激戦区から12店舗を厳選！

南西エリア

所沢市・比企郡（川島町）・飯能市・
入間市・入間郡（三芳町・越生町）・狭山市・川越市

- うどん家 一
- 泉の里
- うどきち
- こくや
- 手打ちうどん 永井
- 手打うどん つきじ
- おごせ食堂
- 埼玉漁港の海鮮食堂 そうま水産 川島本店
- 三丁目の手打うどん
- 本手打ちうどん 庄司
- あじどころ 夢航海
- うどんとお酒 土麦

▶各店舗のMAPはp109へ

ご当地
肉汁うどん

うどん家《や》一《かず》

武蔵野と讃岐の合わせ技
「ハイブリッドうどん」を賞味あれ

▲肉汁うどん
780円
県産の豚バラ肉を使用することでコクが増した温かいツユに、冷水で締めた麺をつけて食べる、武蔵野うどんと讃岐うどんを合わせたハイブリッドスタイルが特徴。香ばしく焼き上げられた油揚げも加わって至福の一杯に

武蔵野うどんと讃岐うどん、両方の長所を掛け合わせた「ハイブリッドうどん」を提供。平成23年開業と、オープンから日は浅いが、所沢を代表するうどん店だ。店主の鈴木一孝さんは、20代のころ、イタリアンシェフとして働いていたが、川越の「藤店うどん」に感銘を受けて以来、全国各地のうどんを食べ歩くまでになった。開業前に讃岐うどんの名店「讃岐饂飩 元喜」で修業した経験もあるほど。うどんは白く透き通った美しい麺が特徴で、その華奢《きゃしゃ》な姿に似合わず、しっかりとした弾力を感じられる。しっかり寝かせて作るツユとの相性も最高だ。

「お客様に居心地のよい空間を作り、忘れられない味を提供し続けたい」と語る店主の鈴木一孝さん

これも味わいたい!!

絶品サイドメニュー

▲天かすやっこ 400円

シラス、天かす、万能ネギをダシ醤油で合えたものを豆腐にこんもりとのせた逸品。サクサクとした食感が絶妙で、お酒もすすむ

POINT

意外と知らない絶品うどんの秘密 その旨さの秘訣は冷水にあり

人気No1メニューの「肉汁うどん」。旨さの秘訣は、冷水がポイント。冷水で、サッと締めると、コシが強くなる。コシがあって冷たい麺と、温かいつけ汁の融合が絶品うどんを生み出すのだ。

うどんステータス

コシの強さ	●●●○○
麺の太さ	●●○○○

出汁	小麦
昆布・ゲソ・サバ節・ソウダ節・ウルメ・イリコ・本節	北海道産 きたほなみ

こちらもおすすめ!

西武池袋線小手指駅から徒歩約8分。閑静な住宅街に立地。大きな「一」の暖簾《のれん》が目印

うどん家 一

住 所沢市小手指町1-29-3　☎04-2008-1501
営 11:00〜15:00(LO)
　㊎〜㊐18:00〜20:00(LO)
休 ㊊　席 24　P 6　禁煙

▲ざるうどん 650円

喉ごしを存分に味わえるよう、柔らかく茹《ゆ》でたうどんを、白ダシに辛味かえしと甘味かえしを合わせたツユで食べるシンプルな一杯

食文化系

すったて

泉《いずみ》の里《さと》

「農山漁村の郷土料理百選」認定の「すったて」
濃厚なつけ汁とうどんがベストマッチ

川島町の農家の間で、代々受け継がれてきた郷土料理「すったて」。栄養価が高く、農作業の合間に手軽に食べられる料理として、人々に愛されてきた。店長の安達光二さんは現代風「すったて」の元祖ともいえる存在で、平成20年に開催されたコンテスト「第2回埼玉B級ご当地グルメ王決定戦」にアレンジした「すったて」を出品。同6回コンテストでグランプリを獲得した経験を持つ。泉の里の「すったて」(4月1日~10月31日の期間限定)は、味噌、金ゴマ、キュウリ、ミョウガなどを使用したつけ汁と、喉ごしが良くコシのあるうどんが見事に絡み合う。

▲**すったて**
1100円
魚介系のダシが利いたつけ汁と、コシの強さとモチモチ感を両立したうどんが好相性。香味野菜をふんだんに使い、涼感たっぷりであっさりとした味わいは、食欲が減退しがちな夏にピッタリの一品。夏の新定番になりそう!

静岡の「泉の里本店」で13年修業した店主が、地元埼玉で平成15年にオープン。テーブル席のほか、奥には座敷も

うどんステータス

コシの強さ

麺の太さ

出汁
サバ節・ソウダ節・昆布

小麦
外国産

これも味わいたい!!
絶品サイドメニュー

▲本鴨の串焼き 700円

青森県の「ジャパンフォアグラ」という農園で飼育されている「津軽鴨《カモ》」を使用。鴨肉の旨味とプリッとした肉の食感がたまらない

POINT
川島町の郷土料理「すったて」の食べ方を徹底解説！

ゴマをすり鉢ですった後に、味噌、玉ネギ、オオバなどを加え、ゴマと合わせる。さらに、輪切りにしたキュウリを追加してから、混ぜ合わせる。最後にダシ汁を加えれば完成だ！

一軒家を改築した風情のある店舗。味のある看板がひときわ目を引く。圏央道川島ICより5分

泉の里

住 比企郡川島町吹塚755-1　☎049-291-0132
営 11:00〜14:30(LO)、17:00〜22:00(LO21:00)
休 ㊌　席 55　P 30　禁煙

こちらもおすすめ！

食文化系
呉汁

▲呉汁 1400円

カボチャなど10種類以上の野菜をダシ汁で煮込み、すった大豆やイモがらを加えて作る期間限定のうどん(11/1〜3/30まで販売)

ご当地
肉汁うどん

うどきち

変幻自在！個性豊かな極上麺が食欲を刺激する所沢の名店

▲カレー肉汁うどん（ウルトラもち麺）
968円

入間市に工場がある「インデラカレー」を使用した特製カレーうどん。非常にスパイシーだが、キャベツの甘味が加わりマイルドな味わいに。写真の麺はプラス110円でオーダーできる「ウルトラもち麺」。まるで「生《なま》麩《ふ》」のような食感

「あえて地産地消にこだわらず、おいしい食材を常に探し求めています」と語る店主の倉田将昭さん。そのため、使用する小麦の種類は県内外産にかかわらず、全国各地の高品質な小麦粉を使って、さまざまな麺を開発している。うどんは常時、5種類を提供しており、それに合わせて、「カレー肉汁」「塩肉汁」といった専用つけ汁まで開発する徹底ぶり。一日の営業時間は3時間弱だが、大半の時間をうどんの研究に費やすという、まさに生粋の「うどん人」だ。言わずもがな味は折り紙つき。店に通うたびに違った味わいを発見できる店として評判だ。

清潔感があり、心地よい音楽が流れるシンプル和モダンな店内。内装のほとんどが店主の倉田さんの手作りだ

これも味わいたい!!

絶品サイドメニュー

▲ミニもつ丼 352円

新鮮な国産豚のモツを味噌煮込みにし、ホカホカご飯にトッピング。野菜やコンニャクは入れず、モツのみを使用したぜいたくな逸品

POINT

試作した麺の種類は約100種類！極上麺ラインナップ

上から「もち麺」、「田舎麺」、「竹炭麺」、「ウルトラもち麺」、右「ハイブリッド麺」のラインナップ。それぞれがさまざまな麺の試作を繰り返して選んだ極上麺はどれも個性的。

※「竹炭麺」は毎月29日のみ提供

うどんステータス

コシの強さ	●●●○○
麺の太さ	●●●○○

※ウルトラもち麺

出汁　煮干し・カツオ節・利尻昆布

こちらそおすすめ！

手作りの門構えが印象的。西武池袋線狭山ヶ丘駅から徒歩約8分とアクセスの良さも魅力

▲肉そば(並) 968円

ラーメンに欠かせない「かんすい」をうどんに加えたハイブリッド麺「肉そば」。滑らかな食感と爆発的に広がる小麦の風味が特徴だ

うどきち

住 所沢市和ケ原1-691-62
☎04-2947-0500
営 11:30～14:15(麺がなくなり次第終了)
休 ㊋㊌、ほか不定休あり　席 25　P 4　禁煙

ご当地
武蔵野うどん

こくや

コシの強さと
喉ごしの良さを両立した
6代続く伝統の武蔵野うどん

▲**肉つゆうどん（並）**
730円
黒豚のモモ肉、国産の豚バラ肉、シャブ肉、これら3種類の豚肉をぜいたくに使用している。少し濃いめのツユが具材によく染み込んでいて、噛《か》むほどに旨味が口の中に広がる。長ネギの甘味が全体を優しい味わいに仕上げている

江戸時代末期の創業で、肉汁うどん発祥のお店（※諸説あり）として名高い。当主である6代目の細川博之さんは、美容師として10年間働いた後、修業に励み先代の後を継いだという異色の経歴の持ち主だ。彼の打つうどんは武蔵野うどんにしては、細めながらしっかりとしたコシが感じられるが、それは生地を重ねて、伸《の》す工程を繰り返し丁寧に行うから。小麦の風味も存分に感じられ、少し甘辛いツユとの相性が際立っている。喉ごしの良さも抜群で、箸を運ぶ手が止まらなくなるほど。武蔵野うどんを語るうえで絶対に外せない名店の一つだ。

うどんステータス

コシの強さ	●●●●○
麺の太さ	●●●○○

出汁	小麦
サバ節・カツオ節	特省

90年以上前に建てられた古民家を利用したお店。座敷席のみとなっていて、和のしつらえが風情を感じさせる

一緒に頼もう！

おすすめトッピング

◀ちくわ 130円

いか 130円▶

近隣のお惣菜屋さんから仕入れた、店主のイチオシ天ぷらもぜひ！

POINT

埼玉ではここだけ!? そば湯ならぬ“うどん湯”を味わう

そば屋がそば湯を出すのと同じく、こくやでもうどんを茹《ゆ》でた釜湯を提供している。本来釜湯はかなり塩辛いが、こくやでは適量湯を加えるため、絶妙な塩梅《あんばい》に仕上がっている。

外の土壁は改修されているが、それ以外の梁《はり》や柱は現在もそのまま使われている

こくや

住 飯能市八幡6-9
☎042-972-3215　営 11:00〜14:10(LO)
休 ㊐㊗　席 28　P 7　禁煙

▼**月見うどん 680円**

マイルドでコクのある地鶏の卵とネギ、ミツバがのった絶品月見うどん。さっぱり食べたい派はトッピングに大根おろし(50円)もオススメ

こちらもおすすめ！

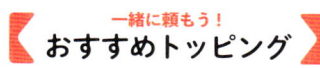

ご当地
武蔵野うどん

手打《てう》ちうどん　永《なが》井《い》

研究熱心な店主が生み出した至高の純白モチモチ麺！

◀けんちん汁うどん　790円
たっぷりのつけ汁にはネギやニンジン、サトイモといった県産の野菜と熟成「嬉嬉豚」をふんだんに使用。モッチリ麺との相性は抜群だ。プラス30円でピリ辛にも変更可能

コの字型のカウンターと座敷席を完備した、居酒屋風の店内。1人客から家族連れまで、気軽に入れる

うどんステータス

コシの強さ	●●●●○
麺の太さ	●●●●○

出汁	小麦
いりこ・サバ節・昆布・どんこ・カツオ節	絹・あやひかり・ハナマンテン

脱サラした店主が平成25年に創業。「絹」をはじめとする希少な地粉を使った純白の麺は、まるでつきたてのお餅のようなモッチリ感だ！　野菜は無農薬、肉は群馬の最高級ブランド豚「嬉嬉豚」の熟成肉を使用するこだわりよう。ちくわ天100円やえび天250円などのサイドメニューも絶品で、平日でも行列ができる人気店だ。

こちらもおすすめ！

▲スーラータンうどん　890円
酸辣湯《スーラータン》をうどん麺で味わえるユニークな一品。リンゴ酢を使用し、まろやかな味わいに

三芳スマートICから車で3分。遠方からも多くのお客さんが訪れる

手打ちうどん　永井

住 入間郡三芳町北永井264-4　☎049-258-2984
営 11:00～15:00(LO14:45)、㊏㊐㊗11:00～19:30(LO19:15)　休 ㊊　席 31　P 12　禁煙

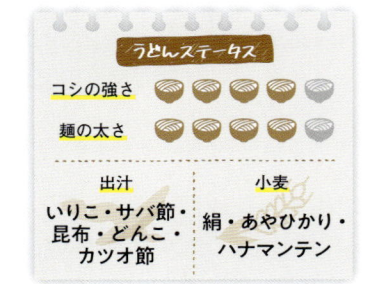

ご当地
武蔵野うどん

手《て》打《うち》うどん つきじ

40年来の味を守り続ける名店
武蔵野うどんの源流を味わう

▲肉汁うどん　580円
地粉と国産小麦を使った武蔵野うどんらしい飴《あめ》色の麺は、伝統的かつシンプルなダシで豪快に食べるのがオススメ。ガシガシ、ワシワシとした食感を思う存分に楽しめる

うどんステータス

コシの強さ

麺の太さ

出汁	小麦
カツオ節	埼玉県産・国産

木のぬくもり、和の趣を感じられる内装。店主が天ぷらやうどんを作る過程もよく見え食欲をそそられる

昭和50年の創業当時と変わらぬダシを守り続け、地元住民に愛され続けるお店。昔ながらのあっさりダシが、ややねじれたコシのある手打ち麺の旨味を引き出している。カウンターには一律50円の、ちくわや野菜の天ぷらがずらりと並ぶ。一日に１００個ほどしか揚げられないため、夕方にはほとんど売り切れてしまうという。

こちらもおすすめ！

▲もりうどん
480円
地粉の風味が香るうどんを、飽きのこない濃いめのツユで味わうシンプルな一品

富岡入間線（県道195）から路地を1本入ったところにある、隠れ家的な雰囲気

手打うどん つきじ

住 入間市宮前町7-12　☎04-2962-8096
営 11:00～17:00（LO、麺がなくなり次第終了）
休 ㊍　席 36　P 5

おごせ食堂《しょくどう》

鮮やかなユズの黄色が美しい
越生町のご当地うどん！

◀ **ゆず天ざるうどん**
1408円

毛呂山町産のユズを生地に練り込んだうどん。ユズの風味がうどん本来の風味と見事に調和しており、食欲増進効果もあるそう。セットの天ぷらは地産のレンコンやオクラなどを使用

キャンプ場やBBQ場、スパなどが併設された宿泊型のリゾート施設「ゆうパークおごせ」。その一角を占める「おごせ食堂」では地産の食材や旬の恵みを生かした料理を提供している。そのなかでも、越生町の特産品・ユズを生かした「ゆずうどん」は、中太の程よいコシがある麺で、すると口の中にユズがフワッと香る。

大きな窓越しに射し込む太陽光が心地よい店内。2階は大広間となっていて、団体でも利用することができる

うどんステータス

コシの強さ	●●●○○
麺の太さ	●●●○○
出汁	カツオ節・サバ節

こちらもおすすめ！

▲ **うめ酒（左）748円**
すてきなゆず酒（右）748円

越生町の老舗酒造メーカー「麻原酒造」が手掛ける果実酒。果汁たっぷりで飲みやすい

関越自動車道鶴ヶ島ICから越生方面へ約30分。自然豊かな山の中に立地

おごせ食堂

住 入間郡越生町上野3083-1
☎049-292-7889 営 11:00～21:00（LO20:30）
休 第2㊍ 席 60 P 150 禁煙

食文化系
すったて

埼玉漁港《さいたまぎょこう》の海鮮食堂《かいせんしょくどう》 そうま水産《すいさん》 川島本店《かわしまほんてん》

漁師が食べるぶっかけ飯と
夏の風物詩・すったてがコラボ

▲**すったて漁師めし(セルフご飯食べ放題付)** 1408円
ゴマや味噌、夏野菜をすりつぶし、ダシ汁を投入。ひんやり濃厚なつけ汁に、ツルツルの麺がよく合う。締めの漁師めしは、汁がご飯に染み込みたまらない。5〜9月限定

うどんステータス

コシの強さ	●●●○○
麺の太さ	●●●○○
出汁	いりこ・サバ節

和の落ち着いた風情漂う店内。仕切りのあるボックス席が中心で、周りを気にせずゆっくり食事を楽しめる

沼津魚市場のセリに参加する権利を持ち、毎日直送される新鮮な魚介が自慢の海鮮和食店。川島町の夏の郷土食「すったて」も、〝漁師メシスタイル〟なのがこの店流。氷で締めたうどんと冷や汁の材料のほか、日替わりの刺身、食べ放題のご飯がセットに。うどんを味わった後のつけ汁に、刺身とご飯を入れて食べれば、二度おいしい♪

こちらもおすすめ！

▲**漁師のかぶと煮**
858円
甘辛いタレで半日煮込む鮮魚のかぶとは、味がよく染みて柔らか。種類は入荷状況による

埼玉で4店舗展開しているが、すったてを味わえるのは本店のここだけ

埼玉漁港の海鮮食堂 そうま水産 川島本店
住 比企郡川島町表433-1 ☎049-297-0276
営 11:00〜21:30(LO21:00) 休 なし
席 約100 P 40 禁煙

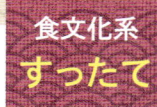

三《さん》丁《ちょう》目《め》の手《て》打《うち》うどん

マイルドな辛さで麺のコシを堪能
これぞ武蔵野カレーうどん

▲カレーうどん（並盛）　935円

県産豚肉に加え隠し味の青森県産リンゴのすりおろしにより、誰でも食べやすいちょうどいい辛さに。トッピングにはカイワレや小松菜、ホウレン草など

カウンターのほかに広々とした座敷も用意。店主自慢の「本日の天ぷら」の数々はうどんのお供に頼みたい

うどんステータス

コシの強さ	●●●●●
麺の太さ	●●●○○

出汁	小麦
カツオ節・サバ節	国産小麦

ボリューミーな武蔵野うどんや日替わりの天ぷらが人気の店。国産小麦を使い足踏みから作るうどんはコシが強く、並盛でも食べ応えは抜群だ。また常時15種類ほどをそろえる天ぷらは、ナスやニンジン（80円〜）の揚げたてを楽しめる。持ち帰りのうどんも評判で、店舗以外に関越自動車道の三芳PA（下り）などでも販売中。

こちらもおすすめ！

▲肉汁つけうどん（中盛）
935円
茹《ゆ》でる前で400gの大ボリューム。ひし形の「耳」の部分は特にモッチリした歯応え

小窓からうどんをテイクアウト可能。休日は売り切れ必至だ

三丁目の手打うどん

住 狭山市水野1266-49　☎04-2958-3262
営 11:30〜14:30（LO）、㊎㊏㊐のみ18:00〜21:00で売店営業　休 ㊌、第2・第4㊋　席 21　P 7　禁煙

食文化系
すったて

本《ほん》手《て》打《う》ちうどん 庄《しょう》司《じ》

旨味の強い地粉うどんを八丁味噌のコクが引き立てる

◀ **すったて　950円**
地粉うどんの力強いコシと旨味に負けない、八丁味噌のコクと甘さが際立つつけ汁が絶妙。さらにオオバやキュウリ、ミョウガなどの夏野菜が清涼感を添える。5～9月限定

うどんステータス

コシの強さ	●●●●○
麺の太さ	●●●●○

出汁	小麦
かつお節・サバ節・ソウダ節	埼玉県産

天然木のテーブルやイスが配され、ゆったり落ち着ける店内。ガラス越しにうどん打ちの様子を見られる

全粒粉の地粉を100％使った武蔵野うどんの店。打ち立てを提供する飴《あめ》色の麺は、甘さと香ばしさが格別で、県外からのファンも多い。定番のつけ汁うどんと人気を二分するのが、季節限定のメニュー。夏の「すったて」は、たっぷりの薬味と八丁味噌ベースの汁が特徴で、冬の「呉汁」（11～3月）は土鍋でアツアツを味わえる。

▲ **肉汁うどん　750円**
たっぷりの県産豚肉のほか、素揚げしたナスやカボチャが入った濃厚つけ汁がクセになる

こちらもおすすめ！

川島ICから車で5分。埼玉S級グルメにも認定され、平日でも行列が絶えない

本手打ちうどん庄司
住 比企郡川島町上伊草743-9　☎049-297-7703
営 10:30～15:00（LO14:30、麺がなくなり次第終了）
休 不定休　席 60　P 20　禁煙

ご当地
肉汁うどん

あじどころ
夢航海《ゆめこうかい》

その太さは県内屈指！
30分をかけて茹《ゆ》でる極太うどん

◀極太つけ汁うどん
（肉汁・大盛）　800円

長さ40cmの極太麺が5、6本入った名物うどん。深谷の養豚場で育った豚のバラ肉がふんだんに入ったつけ汁は、コシと太さで食べ応え抜群のうどんに負けない濃厚さ

建設業も営む店主自ら内装を手掛け、カウンターは「お客さんより店員の目線が上にならないよう」設計した

うどんステータス

コシの強さ

麺の太さ

出汁
サバ節・
アジ節・アゴ節

小麦
国産

標準・平太・極太の3種類の太さのうどんを楽しめる。極太うどんは男性の親指ほどの太さ、平太はきしめんよりも幅広い約3㎝で、ボリュームも満点。これらと組み合わせる肉汁・キノコ汁・ナス汁は大きな麺に負けない存在感で味も濃厚だ。また「沖縄そば」800円など、現地から食材を仕入れる沖縄料理も人気。

こちらもおすすめ！

▲極太つけ汁うどん
（キノコ汁・大盛）
800円
すべて国産のシイタケ・ネギ・油揚げはどれも肉厚で、噛《か》むと濃いめのダシがあふれ出る

まるで田舎の親戚の家に来たようなアットホームな雰囲気

あじどころ 夢航海

住 入間郡越生町82-13
☎049-292-8077　営 11:00～14:30（LO）
休 ㊊　席 25　P 6

ビジュアル系うどん

うどんとお酒《さけ》 土《つ》麦《むぎ》

ツユに浮かんだレモンが彩る
味も見た目も涼しげなかけうどん

▲国産レモンの冷やかけうどん(並)　900円

国産レモンをほとんど丸々一つ使った色鮮やかな一品。讃岐風の薄ダシに合うよう厳選されたレモンは酸っぱさ控えめで、皮ごと食べることもできる。ランチ限定

うどんステータス

コシの強さ	●●●●○
麺の太さ	●●●○○

出汁	小麦
昆布・カツオ節・サバ節・イワシ節	北海道産・香川県産

食器は温かみのある益子焼。30種もの柄があるため、どんな皿で料理が運ばれてくるかも楽しみの一つだ

小江戸・川越の町に溶け込んだシックなお店。オープン以来、味はもちろん見た目にも華やかなうどんが話題を呼び、若い女性を中心に大人気だ。夜は居酒屋に装いを変え、和洋の店で修業を積んできた店主が作る料理と、20種類もの地酒が楽しめる。ディナーでしか食べられない「生醤油うどん」650円は、酒宴の締めにもおすすめ。

こちらもおすすめ!

▲鶏天ぶっかけうどん 1000円

国産朝締め鶏の柔らかいモモ肉を、生姜《ショウガ》やミョウガなど10種近い薬味が引き立てる

蓮馨寺のすぐ近く。川越観光の合間の休憩にもぴったりだ

うどんとお酒 土麦

住 川越市連雀町 9-1　☎049-214-3394
営 11:00～15:00(LO14:30)17:30～21:00(LO20:30)
休 ㊋(㊊はランチのみ営業)　席 40
P なし　禁煙

\永谷保存版/

埼玉うどん用語集 ❷

う〜じ

●うどん県《けん》

香川県のこと。平成23年に架空の設定を基に改名を発表。俳優の要潤さんが副知事。このキャンペーンにより、すでに有名であった讃岐うどんがさらに注目を浴びた。

●お酒《さけ》の飲《の》めるうどん屋《や》さん

三軒茶屋にある「武蔵野うどん じんこ」(p88)を先駆けに、近年広まっているうどん屋さんの形態。埼玉県内においては西武線沿線に少なく、東武線沿線に多い傾向がある。

●かけ

茹《ゆ》でた麺を冷水で締めて温め直したものに、ダシ汁をかけたもの。麺・ダシ汁の温・冷でバリエーションがある。

●釜揚《かまあ》げ

茹でた麺を冷水で締めずに茹で湯と器に入れたもの。つけダシで食べる。

●釜玉《かまたま》

釜揚げに茹で湯を入れずに生卵を入れたもの。生卵を麺と絡め、生醤油などで味付けして食べる。

●加須《かぞ》うどんの日

江戸時代、加須市内にある總願寺《そうがん》は館林城(現在の群馬県館林市)に名物のうどん粉を贈ったとされ、その礼状に記されている日付(6月25日)に由来して制定された。平成25年には日本記念日協会にも登録された。

●釜湯《かまゆ》

うどんを茹でた湯。食べ終わったうどんツユを割るために出されることが多い。しかしそば湯ほど一般化していないので、注文前に店のスタッフに確認するべし。

●公民館《こうみんかん》

うどん打ちの実施会場として使用されるケースが多い。そのため公民館には、うどん打ちの道具が一通りそろっているところもある。しかし、そば打ちも同じ道具で行われることが多いので、そばアレルギーの人は、公民館でのうどん打ち体験参加には細心の注意が必要だ。

●ご当地《とうち》うどん連合《れんごう》

うどん県である香川県に対抗すべく「伊勢うどん」「吉田のうどん」「埼玉のうどん」が平成28年に結集した組織。

●埼玉県立越谷《さいたまけんりつこしがや》総合技術高等学校《そうごうぎじゅつこうとうがっこう》

課題研究発表会において埼玉県のうどんをテーマにしたグループが、「埼玉を日本一の『うどん県』にする会」と一緒に研究を行った。NHKさいたま局のラジオ番組に一緒に出演するなどして埼玉うどんPRの活動に協力。

●埼玉県立《さいたまけんりつ》豊岡高等学校《とよおかこうとうがっこう》

筆者である永谷の母校。家庭科の授業においてうどん打ちを実施していた。

●埼玉《さいたま》を日本一《にほんいち》の「うどん県《けん》」にする会《かい》

平成27年4月に設立された団体。うどん生産量全国一位の香川県を打倒し、埼玉県を日本一のうどん県にすることが目標。会長はもちろん永谷晶久。

●ざる

ざるに盛りつけダシで食べるうどんのこと。

●ジビエうどん

猪《イノシシ》や鹿《シカ》などの獣の肉を使った肉汁うどんのこと。

❶…p16 ❸…p91 ❹…p111へ

雄大な自然を満喫できるこの地域
観光の際に立ち寄りたい5店を紹介

秩父・長瀞 エリア

秩父市・秩父郡(長瀞町・東秩父村・横瀬町)

- 車澤うどん
- 長瀞屋
- 和紙の里 すきふね
- 道の駅 果樹公園あしがくぼ
- 大島うどん

▶各店舗のMAPはp110へ

食文化系
ずりあげうどん

車《くるま》澤《ざわ》うどん

秩父地方伝統の「ずりあげうどん」を
風情のある古民家で堪能する

▲ **ずりあげうどん**
650円

アツアツの湯が煮えたぎる鉄製の鍋からうどんをすくい上げて、少し濃いめのツユとともに食べる。4種の薬味（カツオ節・ネギ・ゴマ・揚げ玉）を入れて豪快に食べるのがオススメだ。シンプルながら食べ応えのある一品

秩父三社の一社として有名な「三峯神社」の表参道にある創業31年のうどん屋さん。ずりあげうどんの名店として知られている。店舗は築90年の古民家で、優しい人柄のご夫婦が二人三脚で切り盛りしている。店のすぐ近くを流れ、店名の由来にもなっている「車沢」の沢水を使用して打つ手打ちうどんは甘みがあり、ツルツル、シコシコで喉ごしが抜群。量も２００ｇとたっぷりでボリュームもばっちり。もちろんツユも「車沢」の沢水をベースに作られていて、創業当時から継ぎ足しで作られるかえしのコクと、魚介系のダシが利いた香り高い味わいだ。

座敷席が広がるゆったりとした造り。レトロな照明がうっすら灯り、昔話のなかで食べているような気分を味わえる

これも味わいたい!!

絶品サイドメニュー

▲舞茸天ぷら 500円

地元・秩父産、とれたてのマイタケを使った天ぷら。噛《か》むほどにマイタケの香りが際立つ、秩父の豊かな山の幸を感じられる逸品

POINT

秩父伝統のうどんの食べ方「ずりあげうどん」とは?

秩父では「引き上げる＝ずりあげる」と言い、その名の通り大鍋から直接うどんを引き上げて食べる秩父名物の食べ方。うどん本来の旨味とモチモチとした食感の両方が楽しめる。

うどんステータス

コシの強さ	●●○○○
麺の太さ	●●●○○

出汁

花カツオ節・サバ節・イワシの煮干し・アジ干し・ソウダ節

小麦

金すずらん

彩甲斐街道沿いにある古民家。公共交通機関では「三峰神社線」大輪バス停から徒歩１分

車澤うどん

住 秩父市大滝732　☎0494-54-0180
営 11:00〜16:00(LO15:30)
休 ㊍　席 24　P 3　禁煙

こちらもおすすめ!

▲キノコ汁うどん 850円

秩父産のシイタケなど、4種のキノコがたっぷり入ったつけ汁式のうどん。冷水で締められた麺は小気味よいコシも楽しめる

食文化系
おっきりこみ

長瀞屋《ながとろや》

味噌と醤油で煮込む野菜に心和む
これぞ〝元祖おっきりこみ〟

◀**おっきりこみうどん**
990円
麺は北海道産と県産の小麦をブレンドした生地の平麺。一緒に煮込むネギやダイコン、ニンジンといった数々の地元産野菜の味が麺に染み込み、伝統的なおっきりこみの優しい味に

2階もあって広々とした店内。壁には、常連客が描いたという「秩父札所34ヶ所」の絵が飾られている

うどんステータス

コシの強さ	●●●○○
麺の太さ	●●●●●

出汁	小麦
カツオ節・昆布	北海道産・埼玉県産

長瀞駅から徒歩1分、観光客でにぎわう大衆食堂だ。「おっきりこみうどん」は、平べったい麺が山梨県のほうとうに似ているが、味噌ベースのほうとうとは違う醤油ベースのダシが特徴。このほか、秩父のB級グルメで、この店の一番人気でもある「ソースカツ重」1210円は、国産のトンカツと刻みのりの相性が抜群！

こちらもおすすめ！

▲**もつうどん**
1320円
柔らかい国産モツと、しっかり歯応えの地元産コンニャクの食感の違いが味わえる

長瀞駅から徒歩1分。朗らかなおじいちゃん店主が迎えてくれる

長瀞屋
住 秩父郡長瀞町長瀞531-1　☎0494-66-0266
営 9:00〜17:00（LO、売り切れ次第終了）
休 不定休　席 400　P 40

食文化系 あずきすくい

和紙《わし》の里《さと》 すきふね

見た目にも楽しい!? 先人たちの工夫が詰まった和スイーツ

▲**あずきすくい　350円**

埼玉唯一の村・東秩父村の郷土料理。小麦粉を、平坦なバスケット状の選別用農具である「箕(み)」のような形に練って、小豆を包んで食べることからその名がついた

うどんステータス

コシの強さ	●●○○○
麺の太さ	●●○○○

出汁	小麦
昆布・カツオ節	埼玉県産・国産

大きめの窓から陽光が注がれる明るい店内。窓側からは道の駅内の庭園や茅葺《かやぶき》の古民家も眺められる

こちらもおすすめ!

▲**きんぴらうどん 700円**

秩父近辺で見られる、具材としてきんぴらが入ったうどん。しっかり歯応えを楽しめる

宿泊場所や宴会場も併設する木造建築。歴史と和の趣を感じさせる

和紙の里 すきふね

住 東秩父村御堂441
☎0493-82-1468　営 10:00〜15:30(LO15:00)
休 なし　席 40　P 約130

道の駅内にあるうどん、そばの店。地粉の香りが漂うやや細めのうどんは、醤油ベースのツユでツルツルと食べられる。東秩父村の郷土料理「小豆ぼうとう」がルーツの甘味「あずきすくい」も人気で、食後のデザートとして頼む人も。うどん・そば打ち体験（うどん1000円、そば1100円）も実施している（要問い合わせ）。

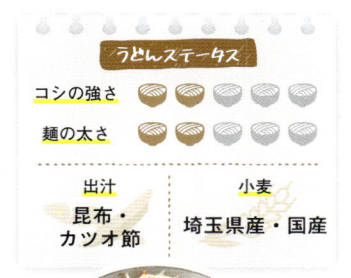

食文化系

ずりあげうどん

道《みち》の駅《えき》 果樹《かじゅ》公園《こうえん》 あしがくぼ

好みの味にカスタマイズ可能！
地元民に愛される郷土うどん

◀ **ずりあげうどん(並盛) 510円**
毎朝仕込む自家製麺はツルツル、モチモチで喉ごしのよさが◎。長ネギやワカメ、カツオ節といった薬味をトッピング。地元・島田醤油のたまり醤油と茹《ゆ》で汁で味の調節を

うどんを煮た鍋から直接すくい上げて食べる秩父名物・ずりあげうどん。この伝統の一品をリーズナブルな価格で楽しむことができる道の駅 果樹公園あしがくぼ。好みの薬味と醤油で食べるシンプルなスタイルが特徴で、うどん本来の旨味を味わえる。マヨネーズやごま油といった変わり種の調味料で、味の変化を楽しむこともできる。

店の前にある券売機で食券を買ってオーダーしよう。テーブル席がズラリと並び、大人数での使い勝手もいい

うどんステータス

コシの強さ

麺の太さ

小麦 雀

こちらもおすすめ！

▲ **カレー汁 0円**
ネギがたっぷり入った自家製カレー汁。ずりあげうどんを頼めば無料で味わえる

周囲を豊かな自然に囲まれた道の駅。西武秩父線芦ヶ久保駅に隣接

道の駅 果樹公園あしがくぼ

住 秩父郡横瀬町大字芦ヶ久保1915-6
☎0494-21-0299
営 11:00～14:00(LO)、㊏㊐㊗は～15:00(LO)
休 不定休 席 66 P 88 禁煙

大《おお》島《しま》うどん

香ばしく濃厚なクルミ汁が
モチモチ麺によく絡む伝統的なうどん

▲くるみ汁うどん　890円

秩父地域でよく食べられている伝統の一品で、すったクルミとツユを合わせて食べる、つけ汁スタイルのうどん。香ばしくコクがあり、クルミの芳醇な香りが食欲をそそる

うどんステータス

コシの強さ　●●○○○

麺の太さ　●●●○○

出汁	小麦
干しシイタケ・昆布・煮干し・カツオ節・サバ節	金斗雲

和のしつらえが印象的な店内。テーブル席のほか、座敷席も完備されていて、大人数でも対応可能

昭和30年創業で、地元民からも愛される、うどん屋さんだ。45年間継ぎ足しで作られているかえしに合わせるのは、干しシイタケや昆布で作る秘伝のダシ。スッキリとしたツユが特徴だ。

うどんは前日に仕込み低温熟成させることでモチモチの仕上がりに。その日の天気によって、麺をベストの太さに調整して提供している。

こちらもおすすめ!

▲イベリコ豚肉うどん（温）980円

イベリコ豚の上品な甘味と、スッキリとしたツユのマリアージュが絶妙。ネギの食感も◎

入り口脇には、秩父の方言「よってがっせって(＝いらっしゃいませ)」の看板

大島うどん

住 秩父市影森286-2　☎0494-23-0619
営 11:00～14:00(LO)　17:00～19:00(LO、麺がなくなり次第終了)
休 ㊊　席 38　P 10　禁煙

人気のサイドメニュー

うどんだけじゃない！
名店の隠れた逸品

おいしいうどん店に絶品サイドメニューあり。本書に掲載された
数々の名店のなかから、至極のサイドメニューをピックアップ。
うどんだけ食べて帰るなんてもったいない！

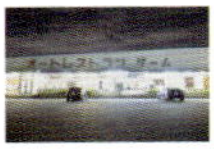

行田市
鉄剣《てっけん》タロー P.24

220円

チーズバーガー

ボタンを押して60秒、箱に入った状態で自販機からアツアツで出てくる。溶けたチーズが絡んだ肉厚のハンバーグがたまらない昔懐かしい一品。

520円

羽生市
五鉄《ごてつ》 P.26

五鉄手羽先からあげ

国産鶏の大ぶり手羽先を丸ごとから揚げに。カラっと揚がったパリパリの皮と、プリプリの肉がやみつきに！

100円(1個)

比企郡小川町
武州《ぶしゅう》めん 本店《ほんてん》 P.36

手作りいなり寿司

自家製のタレに漬け込んだ甘じょっぱい油揚げの稲荷ずし。昼過ぎには売り切れてしまうこともある。

比企郡吉見町
楽楽庵《らくらくあん》 P.37

ミニあぶら味噌丼

310円

ナスやニンジン、ピーマンなどの野菜、味噌や米にいたるまで、材料はすべて地元の吉見町産を使用。小さめの丼に郷土愛が詰まっている。

495円

川口市
居酒屋 あいづ P.42

じゃが芋チーズ春巻

見た目は揚げ春巻きだが、なかにはホクホクのマッシュポテトと溶けたチーズがたっぷり入った創作料理。ビールのお供にピッタリだ。

和光市
新倉《にいくら》うどん ひろとみ P.51

にんじんのスティック揚げ天

220円

天ぷらにした厚切りニンジンは甘さが特徴。12月と1月は「三色のスティック揚げ天」275円が登場する。

490円

さいたま市
手《て》打《うち》饂《う》飩《どん》 寿庵《ことぶきあん》 P.52

出汁豆腐

絹ごし豆腐約300gと、たっぷりの国産ネギを使用。かけうどん用のダシを使ったまろやかな味わい。

さいたま市

ホームズさいたま タニタ食堂《しょくどう》

P.55

野菜のスムージー

390円

砂糖を使用せず、素材の自然な甘みを生かした野菜ジュース。野菜などの素材はシーズンによって変わる。写真はトマトと甘酒のスムージー。

528円

入間郡越生町

おごせ食堂《しょくどう》

P.68

温玉豆腐サラダ

地元産の豆腐と温泉玉子、国産野菜を組み合わせたボリューミーなサラダ。しっかりめの木綿豆腐は食べ応え抜群。前菜にぴったりな一品。

狭山市

三丁目《さんちょうめ》の手打《てうち》うどん

P.70

カレーご飯

330円

じっくり炒めたタマネギに、県産の豚バラ肉やターメリックなどのスパイスを掛け合わせたカレー。専門店顔負けのこだわりが光る。

350円

入間郡越生町

あじどころ 夢航海《ゆめこうかい》

P.72

特製焼きおにぎり

味付けは特製の醤油とゴマ、オオバ。注文してから目の前で網焼きにしてくれる。付け合わせは時季によって変わる。写真はゴーヤの佃煮。

300円

秩父市
車澤《くるまざわ》うどん
P.76

味噌ポテト

ふかしたジャガイモを天ぷらにして、甘い味噌ダレをかけて食べる秩父のB級グルメ。ホクホクのジャガイモに特製味噌ダレがよく絡み美味。

秩父郡長瀞町
長瀞屋《ながとろや》
P.78

250円（4本入り）

みそおでん

プリプリで、歯応えのある黒コンニャクと白コンニャクを、アツアツの味噌おでんで堪能。独自にブレンドした甘めの味噌が食欲をそそる。

200円

秩父郡横瀬町
道《みち》の駅《えき》果樹公園《かじゅこうえん》
あしがくぼ
P.80

横瀬町産
しいたけ天ぷら

横瀬町の名産であるシイタケの天ぷら。ハリのある肉厚のシイタケは、歯応えがよく香り高い。醤油を数滴垂らして食べるのがオススメだ。

秩父市
大島《おおしま》うどん
P.81

310円（2本入り）

鴨串焼き

肉厚の鴨《カモ》肉を塩と胡椒でシンプルに焼き上げた逸品。外はカリッとなかはジューシー。噛《か》むほどに旨味が増す鴨肉は酒の肴《さかな》にピッタリ！

埼玉うどん
スピンオフ企画 Part 1

県内人気の讃岐うどん店

やっぱり〝さぬき〟も気になる!?

埼玉県ふじみ野市

讃岐《さぬき》うどん 條《じょう》辺《べ》

東武東上線上福岡駅から徒歩3分の場所にある讃岐うどん専門店。香川県高松市の老舗「中西うどん」で修業を積んだ店主が平成20年に開業した。定番人気の「かけうどん」や、レモンと大根おろしが爽やかな「ぶっかけうどん」450円をはじめとした讃岐うどんの数々は、まぎれもなく本場の味。7時の開店から店内は出勤前のサラリーマンを中心に混み合い、多くの日は15時の閉店時間を待たずに300玉の麺が売り切れるという人気店だ。

純白の麺に透き通ったツユ
これぞ本場の讃岐うどん

▲**かけうどん（1玉）400円**
エッジが立ちコシの強い麺を、いりこの旨味が凝縮されたツユで味わう王道的な讃岐うどん。1玉220gとボリューミーなうえ、2玉500円、3玉600円とリーズナブル。「まずはかけから」と店主も語る看板メニューだ

10年以上厨房に立ち続けてきた條辺さん。毎日深夜の2時に起床し、開店までうどんの仕込みに没頭する

讃岐うどんで花を咲かせた元プロ野球選手第2の人生

店主の條辺剛さんは、かつて読売ジャイアンツに所属していた元プロ野球選手。もともと飲食業に興味があり、引退後はうどんの道に進むことを決心。讃岐うどんの本場・香川県で腕を磨いた。当時はまだお子さまが小さかったため、奥さまの実家が近いこの場所で開業。当初はほぼすべての客が「條辺目当て」だったが、今は條辺さんのことを知らない人も多いという。「埼玉は武蔵野うどんのホームですが、これからもこの場所に根づいて讃岐うどんをやっていきたいですね」と、條辺さん。

うどんステータス

コシの強さ
麺の太さ

出汁	小麦
いりこ・カツオ節・サバ節・昆布	香川産・豪州産

こちらもおすすめ！

暖簾《のれん》の文字は読売ジャイアンツ終身名誉監督の長嶋茂雄さんの文字を染め抜いたもの

讃岐うどん 條辺

住 埼玉県ふじみ野市上福岡1-7-9
☎049-269-2453 営 7:00～15:00(LO)
休 ㊐ 席 22 P なし 禁煙

▲カレーうどん（1玉）550円

ゴロっと入った牛すじ、ニンジン、ジャガイモ、タマネギはどれも地元産。ご飯にかけるようなトロトロ濃厚カレーを楽しめる

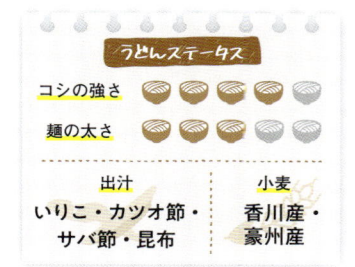

埼玉うどん

スピンオフ企画 Part 2

埼玉うどんを県外で食べる！

東京・千葉・神奈川の肉汁うどん店

東京

武蔵野《むさしの》うどん じんこ

噛《か》めば噛むほど旨味が染み出る都内を代表する肉汁うどん

◀肉ネギつけ汁うどん 700円

ちぢれ気味で、長さや太さが均一でない麺は手ごねならでは。武蔵野うどんらしくコシが強い麺は、豚バラ肉、焼きネギ、油揚げがたっぷり入ったつけ汁との相性も抜群だ

「つけ汁のうどんに最初はみんな戸惑っていたけど、少しずつ認めてもらえた」と、店主の神山正文さん

うどんステータス

コシの強さ

麺の太さ

出汁：カツオ節・サバ節・アゴ節・昆布・シイタケ

小麦：埼玉県産・豪州産

埼玉県児玉町（現在の本庄市）出身の店主が、地元の味を広めるため東京の三軒茶屋で開業。一番人気の「肉ネギつけ汁うどん」などのメニューで、都内に肉汁うどんのファンを増やしている。「うどん居酒屋」の先駆けでもあり、夜はお酒と一緒に「うどんの刺身」440円などの創作うどん料理を楽しめる。四谷にも店舗あり。

こちらもおすすめ！

▲焼バラ海苔つけ汁うどん 700円

のりをそのまま乾燥させ、旨味が豊富な「バラ海苔」をうどんと組み合わせた人気の一品

各線三軒茶屋駅から徒歩2分。居酒屋が立ち並ぶ一角に店を構える

武蔵野うどん　じんこ

住 東京都世田谷区三軒茶屋2-11-11プレジオ三軒茶屋1F　☎03-3411-0588

営 11:30～14:30（LO14:00）、17:00～23:30（LO料理22:30、ドリンク23:00）　休 ㊐　席 22　P なし

千葉

鈴《すず》や

極太ツルツル麺と
コクのあるつけ汁の合わせ技

▲**肉もりうどん（中盛） 850円**

小麦の外皮・フスマも一緒に挽いてあるため、小麦の香りを存分に感じられる。生地を伸ばす工程を繰り返し行うことで表面はツルツル。強いコシと喉ごしの良さを兼ね備える

うどんステータス

コシの強さ	5/5
麺の太さ	5/5

出汁	小麦
カツオ節・利尻昆布	北海道産きたほなみ

おばあさんが打つうどんが大好きで、「おもてなし」の文化が宿る武蔵野うどんに感銘を受けたと語る店主の鈴木勝哉さん

東京・大泉学園の名店「大助うどん」に学んだ店主が、奥さまの出身地である千葉県印西市で開業したうどん屋さん。本場の武蔵野うどんに引けを取らない、しっかりしたコシのある麺が特徴で、太麺と細麺の合い盛りが人気だ。つけ汁には武蔵野うどんとしては珍しい、県の名産・小松菜が入っていて、オリジナリティーもばっちり。

こちらもおすすめ!

▲**肉おろし 900円**

県産の豚肉がたっぷり入った一品。大根おろしが麺によく絡み、さっぱり食べられる

農産物直売所「グリーブ」にあるログハウスが店舗になっている

鈴や

住 千葉県印西市山田1783-8 いんば農産物直売所「グリーブ」内 ☎090-9962-6722

営 11:00～15:00（LO） 休 火水 席 46 P 50

神奈川

かばのおうどん

トロットロの角煮入り！中華街ならではの肉汁うどん

▲**肉汁おうどん　900円**

焼き、蒸し、寝かせ、さらに煮込んだ上質な豚バラ肉を使用するこだわりの一品。たっぷり入ったゴボウの食感がアクセント。開店以来不動の人気ナンバーワンメニューだ

木を基調とした温かみのある店内。ご主人が画廊を経営しており、店内にはカバの芸術作品が飾られている

うどんステータス

コシの強さ

麺の太さ

出汁	小麦
カツオ節・焼きアゴ・昆布	国産、外麦

うどん店の少ない神奈川県横浜市で、地元の人たちにおいしいうどんを食べてもらうべく開業。「肉汁おうどん」や「かばのかけうどん」650円といったうどんの数々は、埼玉県をはじめ全国のうどんを研究して無添加で作り上げた自信作だ。「かしわささみ天」380円など、天ぷらメニューを求めて訪れるリピーターも多い。

こちらもおすすめ！

▲**うま辛チゲおうどん 1150円**

チゲで味わう旨辛さ。プラス100円で「1辛」。以降「6辛」まで50円ごとに辛さアップ！

JR石川町駅から徒歩4分。カバが描かれた壁や暖簾《のれん》が目印だ

かばのおうどん

住 神奈川県横浜市中区山下町276-2　☎045-651-5480

営 11：30～22：30（LO22：00）、㊏㊐㊗11：00～22：30（LO22：00）

休 ㊊㊋　席 26　P なし　禁煙

埼玉うどん 用語集 ❸

じ～て

径1.3mm以上、1.7mm未満。ちなみにうどんは直径1.7mm以上。きしめんは幅4.5mm以上、厚さ2.0mmのものを指す。

●たぬきうどん

関東では天かすをのせたうどんのことを指すが、京都ではきざみうどんのダシがあんかけ状になったものを指す。

●つけ麺《めん》スタイル

武蔵野うどんに見られる食べ方。諸説あるが、うどんはラーメンよりも早くからこのスタイルで食べられていたと考えられている（ラーメンは昭和30年の東京都の「大勝軒」が起源とする説が定説になっている）。火災などによる出動で急な食事の中断を余儀なくされる消防署の人たちにもこの食べ方が取り入れられているため、「消防うどん」とも呼ばれている。

●手打《てう》ちうどん

混錬工程以外、手作業で作られたうどんのこと。

●テボ

うどんを湯がくときに使う、取っ手のついたざるのこと。玉を入れることからもともとは「てっぽうざる」と呼ばれておりそれを略したもの。「いがき」とも呼ばれる。

の企画から始まったが、平成29年から西武鉄道と協力して開催。3回目となる平成30年は、映画とのコラボレーションも実現。

●セルフ店《てん》

香川県においては、うどんを湯がき、ダシをかけて食べるところまで、お客さんが自分で行う店のこと。対して埼玉のセルフは、トレーに出来上がったうどんを乗せ、トッピングを選んで会計に向かう形態が主流。ただし埼玉においてはセルフでない店の方が圧倒的に多い。

●全国《ぜんこく》ご当地《とうち》うどんサミットin熊谷《くまがや》

全国各地からうどん店が出展し、2日間で10万人以上が来場する大規模なうどんイベント。投票によりその年のグランプリが決定する。2017年からは麦王・権田愛三の出身地である埼玉県熊谷市で開催されている。

●素麺《そうめん》と冷麦《ひやむぎ》

素麺と冷麦の違いは麺の太さにある。素麺は直径1.3mm未満。冷麦は直

●女子美術大学《じょしびじゅつだいがく》うどん同好会《どうこうかい》

東京都杉並区にある女子美術大学の同好会。「埼玉を日本一の『うどん県』にする会」の友好団体の一つで、東大うどん部とも交流がある。

●人口《じんこう》730万人《まんにん》

埼玉県の人口。香川県からうどん県の座を奪うための最大の武器である。

●ずりあげ

鍋から上げたうどんをそのままツユにつける食べ方のこと。野菜や納豆などと一緒に食すことも多い。農作業などで多忙な人々が食べていたものが由来とされている。日本各地に見られており、地域によっては「ひっぱりだし」「ひっぱり」などとも呼ばれる。

●西武線沿線《せいぶせんえんせん》うどんラリー

西武線沿線の加盟うどん店で食事をしてスタンプを集めると、プレゼントがもらえるキャンペーン。当初は地域のうどん屋有志

❶…p16 ❷…p74 ❹…p111へ

“埼玉うどん”を盛り上げるキーマンに直撃インタビュー!!

2019年2月公開の映画『翔んで埼玉』が
異例の大ヒットを飛ばすなど、
“史上空前の追い風”(!?)を受けている埼玉県。
「埼玉」を盛り上げるべく、うどんをテーマにした
特徴的な試みとその仕掛人を取り上げます。

PART 1

西武線沿線でうどんラリーを実施した男たち

西武鉄道株式会社
野田政成さん、**堀 雅史**さん

西武鉄道では2017年から毎年、「西武線沿線うどんスタンプラリー」と題して沿線のうどん店を巡るイベントを開催している。そこで、このイベントを立ち上げた野田政成さんと現在のご担当である堀雅史さんにお話を伺った。

――なぜ、うどんラリーを企画したのですか?

野田　私たちは通勤、通学以外にも西武鉄道をご利用いただくお客様を増やす、というミッションを与えられた部署に勤めています。施策には、さまざまなスタンプラリーもあるわけです。そんななか、実は駅員さんって、昔の食事はまかないだったんです。忙しい

時間にご飯を用意しなきゃいけない。そんなときに重宝するのが麺類で、「武蔵野うどん」が身近であったことも加え、駅員や乗務員にはうどん好きが多いんです。そんなバックボーンからか、現場から声が挙がって、じゃあやってみようと。

――工夫をされた点はどんなところだったのですか？

野田　リーズナブルにしたくて、各店舗500円（以上）でスタンプがもらえたり、12店舗中6店舗で達成賞を差し上げたり、気軽に参加できるようにしました。

――反響はどうでした？

野田　まずチラシを5万部刷ったんですが、これは強気の数字。それが2、3週間でなくなり、急遽3万部を増刷！　結果12店舗で約1万4500食が出て、達成賞も1700強。社内でも非常に評判でした。

――そして、2019年には映画「翔んで埼玉」とコラボされてますね。

堀　「翔んで埼玉」とコラボしないか、というお誘いがあって。であれば、埼玉ゆかりのうどんがいいんじゃないか、ということで進み始めた企画でした。うどんラリーと映画のタイアップなんて初めてですから、勝手が違ったところがありました。うどんと映画、どちらもうまく掲載できるようにバランスをとるのが難しかったですね。

――そんなご苦労も！

堀　うどん店さんとしては、当然「うどんラリー」ですから、うどんが前面に出てほしい。しかも、これまでやってきた積み重ねもありますし。ただ、一方で我々としてはタイアップなので映画を出さないと意味がない。どこに重きを置くかというところで議論をして、落としどころを見つけたという形ですね。

――反響は違いました？

堀　映画のインパクトがあったから、それがきっかけで来たお客さんも結構多いんじゃないかな、と店舗さんも仰っていました。例年より若い男女が多かったみたいですね。映画の方もだいぶ好調だったようですから、お互いよかったなと思っています。

毎年開催するなかでどんどん進化していく「うどんスタンプラリー」。県内の鉄道事業者の集まりで「将来、横断イベントをやりましょう」という声が挙がった際にも、うどんをテーマにする案が出たとか。そのときは、西武鉄道さん、大きな話題になる仕掛けづくりを期待してしまいます！

2017～2019年の「西武線沿線うどんラリー」パンフレット

PART 2

「うどんサミット」を埼玉で開催する男

全国さまざまな「食イベント」が人気を呼んでいるなか、2017年から3年間、熊谷市で「うどんサミット」が開かれている。毎年約10万人が訪れるという全国のうどんの祭典が、どのようにして埼玉県で行われるようになったのか、実行委員長で埼玉県物産観光協会会長でもある松本邦義さんにお話を伺った。

全国ご当地うどんサミット
実行委員長
松本邦義さん

——まず、松本さんがうどんに魅力を感じ始めたのは、どのあたりからなんですか？

松本　私の家は代々、熊谷で穀物商を営んでいます。明治維新後、国産麦の栽培技術がこの地で確立された伝統と、それに裏打ちされた熊谷産小麦の質、収穫量はともに本州屈指の存在です。そんな熊谷産小麦の魅力を広めようと、もともとは地元の有志を募って、2007年ころから、「熊谷小麦産業クラスター研究会」というのを設立させたところから話は始まります。その活動として「熊谷うどん」の開発・普及があったんです。

——「熊谷うどん」とも関係があるのですか？

松本　そうです。熊谷産小麦の魅力を多くの人に知ってもらうため、「熊谷うどん」をブランド化したんです。熊谷で生産された小麦を使い、熊谷で製麺された地産地消がテーマのうどんです。そして、その過程で麦王・権田愛三のことを詳しく知ったんです（P10参照）。「こんな偉人が地元にいたんだ！」と感銘を受けて、その功績を広める意味でも「熊谷うどん」をしっかりとPRしなくちゃ、という気持ちが強くなりましたね。そんななか、2011年に秋田で行われた「全国まるごとうどんエキスポ」に「熊谷うどん」を誘っていただいて。我々はこういうイベントに出るのは初めてで、正直、軽く考えていたんだけど、想像以上にものすごい多くの人がやって来て。「麺が足りない！　大変だー」って、すったもんだしながらやったのが最初。で、何回か「エキスポ」に出ているうちに、「うどんサミット」から声を掛けていただいて。当時は愛知県の蒲郡市で開かれていました。

――「エキスポ」から「サミット」に！

松本　さらには、香川で開かれている「全国年明けうどん大会」にも参加するようになって。そうなると10月に「エキスポ」、11月は「サミット」、そして12月が「年明けうどん」。これは「秋の三連戦」って言われているんだけど、もう大変で(笑)。「熊谷うどん」は地元の国産麦にこだわっていることがウリだから、「麺の原材料にこだわってます！」って愚直にやり続けて、飽きずに参加していたら、「うどんサミット」実行委員会の方から、「そんなに熱意があるのなら、開催地としてやらないか？」と言われてね。

――それは大変な熱意ですね！

松本　「エキスポ」「年明けうどん」どちらも、秋田と香川だけで続けているイベントだけど、「サミット」は最初の3回が滋賀県で、次の3回が愛知県、そして埼玉県と、できるだけ全国で開催したいというスタンスだったから。巡り合わせではあるけれど、ラグビーW杯の開催地になったことも重なり、上田知事（当時）にも「どんどんやって！」と応援していただいて。もう、やるしかないと。で、合言葉が、「麺for ALL, ALL for 麺！」に。

――地元の小麦の魅力を伝える啓蒙活動とうまくリンクしてますよね。

松本　権田愛三も、私たちが始めたころは「麦王？　それってビール？」って感じだったけど、今は知っている人が増えました。埼玉県がうどんの生産量全国第2位というのも、権田さんという人物がいたからこそ、歴史的に麦の生産量が多いという歩みがあるわけですから。その功績を将来にもつなげていきたいですね。

2018年の「うどんサミット」で、「熊谷うどん」は投票により、グランプリを獲得しました。熊谷産の小麦、ひいては熊谷という土地の魅力を全国に発信したいと念じたその思いが、一つの形に実を結んだ瞬間だったでしょう。2019年でいったん「うどんサミット」は埼玉を離れますが、エネルギッシュな松本さんの活動から、これからも目が離せません！

「第8回全国ご当地うどんサミット 2018 in 熊谷」の様子

全国
6位の

小麦生産県が、実はピンチに!?

Pick UP!

小麦農家の“いま”に迫る!

うどんは、小麦粉と塩、水を混ぜて作る食べ物。うどんにとって、切っても切れない存在が小麦である。埼玉県入間市で小麦農家を営んでいる加藤秀樹さんに、埼玉県の小麦農家の現状を伺った。

加藤さんの小麦畑で栽培されるのは「さとのそら」「ハナマンテン」。収穫の時期を迎えるのは６月末ごろ

埼玉県の小麦農家を悩ます二つの理由

「埼玉県が発表する統計調査などでは小麦の収穫量は横ばい傾向ではありますが、小麦農家の数でいえば減少しているのではないかなと思います」

小麦農家の加藤秀樹さんがそう語る理由は二つある。まずは埼玉県での小麦の生産が、時代に合わなくなっているという。

「ひと言でいえば『都市化』です。埼玉県は現在でも人口が増え続けています。つまり、住宅地が増え、農地が減る、もしくは細分化されるわけです。そのため、農家も効率を重視する。しかし小麦は、生計を立てるにはある程度の量が必要となる作物。そうなると、今の埼玉県には非常に不向きなのです」

そしてもう一つは稲作の影響であるという。

「米は全国的に早く作られた米が高値で取引されます。いままでは『直取引』と言って農協を通さず、生産者から消費者に流通するケースも増えてきました。そうなると、農家にとってより早く収穫できる品種の米が好まれるわけです。そして、一般的に小麦は米との二毛作で作られることが多い。そうなると、夏と冬で交互に行ってきた二毛作のサイクルが崩れ、冬に小麦作りを行わなくても、夏の米作りを早めて高額な値段で取引できれば、冬の期間は土地を休めて、夏に備えるという農家が増えてきたのです」

これまでは、安定した品質や、産地と工場が近いなど地理的な条件もあって、高い評価を受けてきた埼玉県の小麦作り。その根幹を揺るがしかねない現状がある一方、新しい変化はすでに起きている。

品種が増えることで新たなチャレンジを！

地元産の小麦を使ったうどん作りが埼玉の特徴だけに、品種によって麺の味わいも左右される。代表的なのは、県の推奨品種から外れたとはいえ、今でも人気の「農林61号」で、武蔵野うどんに最適の品種とされる。そして、新たに推奨品種となった「さとのそら」で作る麺はツルツル、シコシコとした食感が特徴。また近年ではモチモチした麺になるという「あやひかり」も広まっている。

「地元の小麦を大事にする埼玉のうどん作りの側から見れば、さまざまな品種が増えることは、プラスに働く。創作意欲も沸いて、新しいうどんも誕生するかもしれませんね。その面では、埼玉の小麦作りは変革期に差し掛かっているといえるでしょう」

soul food UDON BOOK

"外食産業"
×
"イノベーション"

秘蔵写真で振り返る、埼玉のソウルフード

「山田うどん」のココがスゴイ!

昭和10年の創業以来、常識にとらわれない発想で、業界に革新をもたらしてきた山田うどん。一時期の店舗数は280店を超えたこともあるなど、埼玉を代表する企業だ。

平成30年には、店名を「ファミリー食堂 山田うどん食堂」に変更し新たなファンも獲得。今回は山田うどんが所有する貴重な写真（p99〜101）とともに、その軌跡を振り返る！

1 ココがスゴイ!

回転看板をいち早く導入

昭和43年、現社長の父親である山田裕通が、アメリカ視察の際に見たケンタッキーフライドチキンの回転看板に衝撃を受け、回転看板の導入を決意。その後アメリカから部品を取り寄せ、日本初の回転看板を生み出した。

2

ココがスゴイ!

フランチャイズの先駆け

アメリカFCの研究視察を皮切りに、独自のチェーン展開に着手。昭和44年には9店舗の出店に成功し、以降急速に拡大。これはミスタードーナッツ、ケンタッキーフライドチキンの外資系FCシステムの日本進出よりも早い。

3 ココがスゴイ！

学校給食に提供

昭和40年には、所沢市・入間市・狭山市・新座市・朝霞市など、各学校の給食に麺類の提供を開始。学校給食への提供は平成15年まで38年間続き、山田うどんが埼玉県民のソウルフードとして認識される一助となった。

4 ココがスゴイ！

NYにラーメン「TARO」出店

昭和50年、ニューヨークのマンハッタンにラーメンショップ「TARO」をオープン。店舗からメニューにいたるまで、アメリカ人向けの完全オリジナルで、スマッシュヒットを記録。業界やマスコミから注目と賛辞を浴びた。

グランドメニューがリニューアル！

山田うどん 最強 ラインナップ

埼玉のソウルフードとしての地位を築き上げた
山田うどんの人気メニューを一挙ご紹介！
「早い！安い！うまい！腹いっぱい！」を体現する
至極のメニューをご賞味あれ

▼**野菜たっぷりタンメン　590円**

歯切れのいい自家製麺とまろやかな味わいのスープが高相性！　キャベツやモヤシ、ニンニクの芽など、全5種類の野菜がたっぷりでボリュームばっちり。これが山田の新定番だ

▲**かき揚げ丼セット（たぬきうどん）**
680円

山田の定番「たぬきうどん」に、ファンの間で大人気のかき揚げ丼がセットになった大満足の看板メニュー。ほぼ2人前というボリュームにもかかわらず、財布に優しいコスパに注目！

▲**パンチ（もつ煮込み）420円**

国産豚モツ、コンニャク、アクセントにメンマがゴロっと入ったモツ煮。形が無くなるまで煮込んだ玉ネギの甘味と豚モツの旨味が感じられる。山田を代表するご飯がススム逸品だ

▲**肉汁うどん　680円**

埼玉県の郷土食「肉汁うどん」を山田でも味わえる！　カツオダシが利いたツユに、山田ならではのモチモチうどんがよく絡む。トッピングのユズがフワッと香り、食欲をそそる

西武線の所沢駅から少し離れた小金井街道沿いに位置。山田食品産業本社ビルの１階に店舗がある

山田うどん本店

住 所沢市大字上安松1032
☎04-2995-2031
営 6:00～22:00（LO21:30）
休 なし　席 100　P 50

山田うどん新業態、清瀬に現る！

『県民酒場ダウドン』特集

平成29年、東京都清瀬市にオープンした新業態「県民酒場ダウドン」。東京にありながら、「さやまっ茶ハイ」440円や「秩父のかてめし」270円など、埼玉のご当地グルメを味わえる。スタイリッシュな雰囲気の居酒屋だが、山田うどんらしいボリューミーでパンチの利いたメニューも豊富！ 山田うどんの新定番となる日も近そうだ。

まずはレモンサワーで乾杯

自家製漬け込みレモンを使用した「山田さんのサワー」や、シャーベットをトッピングした「新井さんのサワー」など4種類のレモンサワーを提供（各330円）

ダウドンの2大看板メニューにトライ!

◀鶏カラ天（5個）530円

◀ダシ葱餃子 1人前（6個） 380円

▲から揚げの半面に天ぷらの溶き粉をつけて揚げた鶏カラ天。同時に二つの食感が楽しめる ▶皮に国産小麦を使用した、肉々しい餃子には特製のダシ酢がマッチ

締めはやっぱりうどんでしょ!

◀麻辣《マーラー》焼きうどん（1人前） 640円

麻辣のクセになる辛さと、アツアツでコシのあるうどんが相性抜群。卵の黄身を絡ませて食べるとまろやかな味わいに。ネギやニラのアクセントも◎

西武池袋線清瀬駅北口から徒歩30秒。夜になるとムーディーな明かりが灯る

県民酒場ダウドン 清瀬北口店

住 東京都清瀬市元町1-2-7
☎042-497-8245
営 10:00〜23:00（LO22:00）
休 なし　席 58　P なし

日本各地のうどんの特長がひと目で分かる！

全国うどんチャート

小麦粉・塩・水から成る「うどん」。シンプルな調理法ながら、日本全国には多種多様なうどんが存在する。ご当地うどん15種、チェーン店3種、埼玉うどん7種の味の濃さやコシの強さをご紹介！

① 氷見うどん（富山）

麺は純白で、細く平べったい。手延べ製法により柔らかさと強いコシを両立している。

武蔵野うどん

熊谷うどん

加須うどん

② 水沢うどん（群馬）

白い透き通るツルツルした麺を、醤油ダレやゴマダレのつけ汁で食べるうどん。

すったて

③ 吉田うどん（山梨）

麺は太く、非常にコシが強い。具材は細く切った茹《ゆ》でキャベツやニンジン、馬肉など。

④ 盛岡じゃじゃ麺（岩手）

平打ち麺に肉味噌やキュウリなどを乗せる。食後は鶏蛋湯《チータンタン》と呼ばれるスープで締める。

おっきりこみ

味 濃

ダシには五島で獲れるアゴ（トビウオ）を使う。椿油を練り込んだ麺はコシが強い。

⑥ 五島うどん（長崎）

⑤ ほうとう（山梨）

味噌仕立ての汁で、カボチャなどの野菜と幅広の麺をトロトロになるまで煮込む。

埼玉県を中心にチェーン展開。定食やラーメンなど、うどん以外のメニューも豊富。

山田うどん

⑦ 味噌煮込みうどん（愛知）

豆味噌仕立ての汁で、鶏肉などの具材と麺を煮込む。残り汁にご飯を入れることも。

⑧ きしめん（愛知）

非常に幅が広く薄い麺。ダシは醤油ベースで、カツオ節を具材としてのせて味わう。

⑨ 伊勢うどん（三重）

醤油ベースの真っ黒なツユに、白い極太麺を絡ませる。具材は基本的に刻みネギのみ。

※「麺の硬さ」と「麺のコシ」は異なるが、この図ではコシに着目して作成した

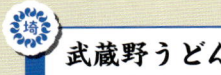

コシ強

⑩ 讃岐うどん（香川）

純白でコシが強くモッチリとした麺と、いりこを使った透明感のあるダシが特徴。

⑪ ぼっかけうどん（愛媛）

関西風うどんの上に、牛すじ肉とコンニャクを甘辛く煮込んだ「ぼっかけ」がのる。

丸亀製麺

ハワイや台湾など海外でも人気を博している。各店舗で粉から麺を作るこだわりよう。

はなまるうどん

香川県高松市発祥の讃岐うどんチェーン。「うどん定期券」など個性的なサービスも。

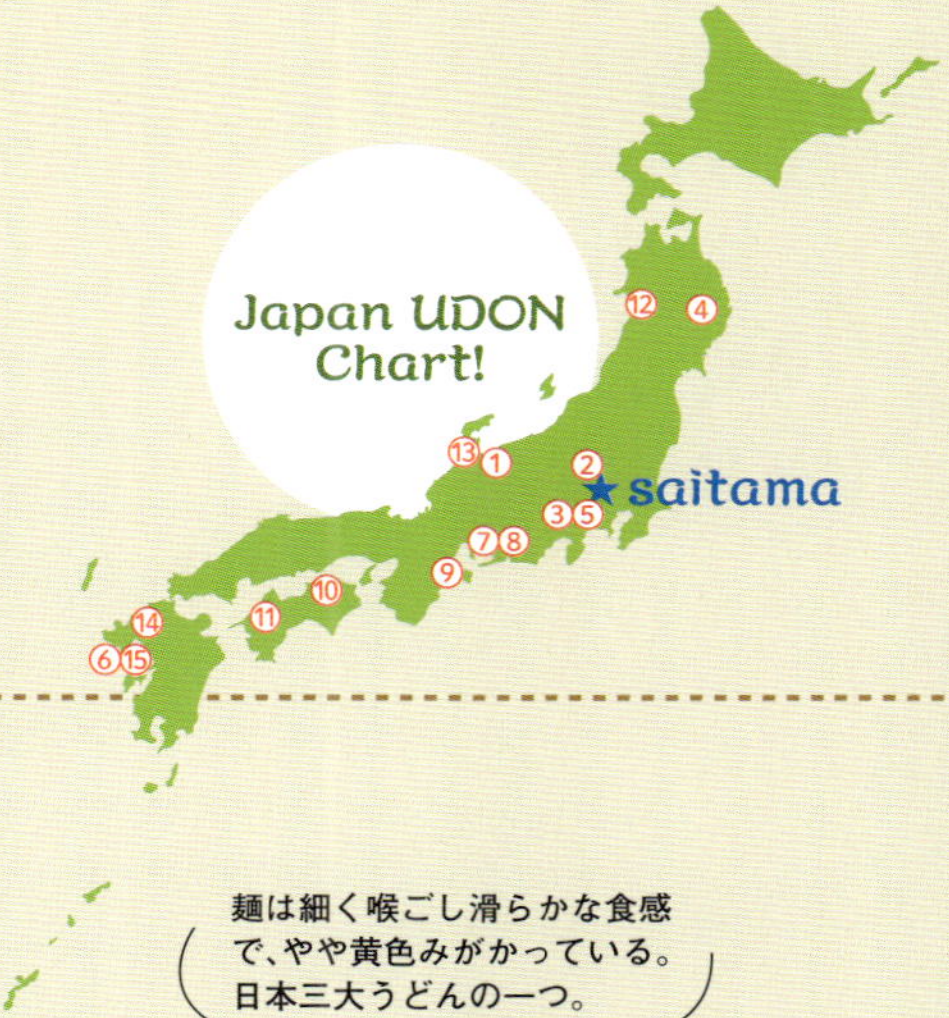

味薄

ずりあげ

⑫ 稲庭うどん（秋田）

麺は細く喉ごし滑らかな食感で、やや黄色みがかっている。日本三大うどんの一つ。

⑬ 小松うどん（石川）

ミネラル豊富な白山の伏流水を使ったうどん。麺は細くコシがあり、ダシはやや薄め。

川幅うどん

⑭ 博多うどん（福岡）

コシの弱い麺といりこベースのダシ、そこにごぼ天やすり身を揚げた丸天をのせて食べる。

⑮ かすうどん（長崎）

細かく刻んだ牛ホルモンをカリカリに素揚げした「油かす」をのせた、関西風のうどん。

コシ弱

（埼）…埼玉うどん　（店）…チェーン店　（丼）…全国ご当地うどん

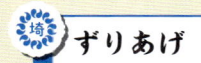

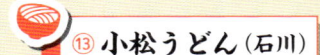

北東
11
59
熊谷市
407
8
17
熊谷駅
行田市
125
秩父鉄道
行田市駅
羽生市
羽生PA
羽生駅
羽生IC
7
6
60
3
東武日光線
46
加須市
東武伊勢崎線
38
加須駅
加須IC
栗橋駅
125
南栗橋駅
東北自動車道
東北新幹線
1
122
5
4
鴻巣市
407
滑川町
北鴻巣駅
17
鴻巣駅
上越新幹線
久喜市
久喜IC
久喜駅
白岡菖蒲IC
圏央道
久喜白岡JCT
2
吉見町
27
東松山駅
254
東松山IC
14
東松山市

＼クルマで行く?／＼電車で行く?／

埼玉うどんMAP

(駅チカ) 最寄駅から徒歩10分圏内の店舗がひと目で分かる!

北西・北東エリア

幸手市
東武日光線
東武伊勢崎線
杉戸町
白岡市
宮代町
春日部市
北本市
桶川加納 IC
JR上越新幹線
JR東北新幹線
桶川市
桶川駅
伊奈町
蓮田市
上尾市
蓮田駅
春日部駅
東武野田線
上尾駅
蓮田 SA（上）
JR高崎線
JR東北本線
東武スカイツリーライン
松伏町
岩槻 IC
南東
本川越駅
JR川越線
さいたま市
東北自動車道
大宮駅
与野 IC
さいたま見沼 IC
浦和美園駅
越谷市
越谷駅
吉川市
新大宮バイパス
ふじみ野市
浦和 IC
東川口駅
武蔵野線
浦和駅
富士見市
川口 JCT
川口東 IC
三郷市
南浦和駅
草加 IC
草加市
東京外環自動車道
三郷 JCT・IC
志木市
三芳町
鳩ヶ谷駅
北朝霞駅
美女木 JCT
蕨市
草加駅
朝霞市
川口市
埼玉高速鉄道
八潮市
所沢 IC
朝霞台駅
戸田市
新座市
和光市
和光市駅
和光市 IC

＼クルマで行く?／＼電車で行く?／

埼玉うどんMAP

(駅チカ) 最寄駅から徒歩10分圏内の店舗がひと目で分かる!

南西・南東エリア

＼クルマで行く?／＼電車で行く?／

埼玉うどんMAP

(駅チカ)最寄駅から徒歩10分圏内の店舗がひと目で分かる!

秩父・長瀞エリア

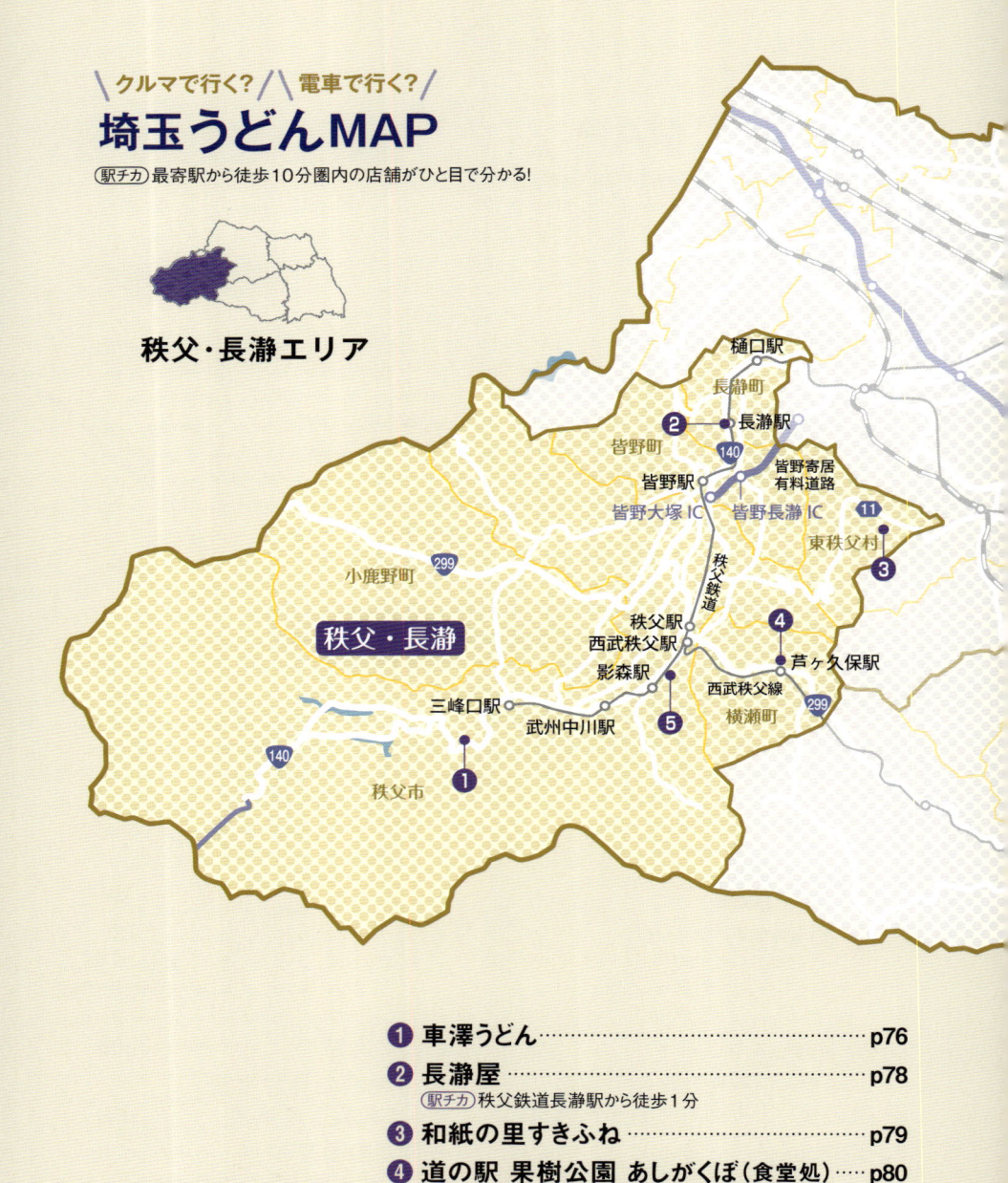

場に農家が自分の畑のゴマや野菜を入れて食べることが多い。

●ぶっかけ

ざるうどんにつけダシをかけたうどんのこと。ネギや天かすを入れて食す。

●マツコの知《し》らない世界《せかい》

TBSテレビで平成23年から続く人気番組。平成29年に放送された「マツコの知らないうどんの世界」の回に永谷と東大うどん部3名がゲストとして出演。東大うどん部と、「埼玉を日本一の『うどん県』にする会」の知名度を一気に押し上げた。

●湯《ゆ》だめ

一度洗って締めた麺をもう一度温めて、湯をはった容器に入れたもの。釜揚げと呼ばれることも多いが、香川県では釜揚げと湯だめは明確に区別されているようだ。

●ワシワシ

埼玉県西部地区を中心に食べられている武蔵野うどんの食感を表す擬態語。ツルツル、シコシコが讃岐うどんの表現方法であるのに対して、昔ながらの麺の硬さや歯応え、コシといった観点から、武蔵野うどんではこの言葉が用いられる。

＼永谷保存版／

埼玉うどん 用語集 ❹

て～わ

県』にする会」会長・永谷のもう一つの顔。

●農林《のうりん》61号《ごう》

武蔵野うどんの原料として親しまれてきた小麦の品種名。平成25年まで埼玉県の主力品種だった。これで作られたうどんは「めんこ」とも呼ぶ。

●ハイブリッドうどん

武蔵野うどんと讃岐うどんの特徴を兼ね備えたうどん。主に讃岐うどん風の麺を肉や野菜の入ったつけ汁で味わうスタイル。

●花《はな》かつお

ダシを取るために薄く削ったカツオ節のこと。

●ひやあつ

水で締めたうどんに、熱いダシをかけたもの。

●ひやひや

水で締めたうどんに、冷たいダシをかけたもの。

●ひるべーてー

前日に作った麺を、冷や汁に入れて食すうどんのこと。埼玉県小川町の近辺で食べられている。夏

●店主《てんしゅ》のこだわりは薬味《やくみ》に宿《やど》る

うどんを食べる際、薬味としてついてくるものには、店主の「こだわり」を感じることが多いことから語られる言葉。うどんを食べる楽しみの一つである。「なぜこれを薬味としてつけているのか」を考えると、店主のうどんに対する深い思いが垣間見えてくる。

●東大《とうだい》うどん部《ぶ》

東京大学で平成19年に発足したサークル。理念は「うどんを学ぶ、うどんで学ぶ」。都内のみでなく全国各地のうどんを食べに遠征することも多い。学園祭で提供する「ぶっかけ焼きうどん」は即完売するほどの人気。東京大学の学生だけではなく、他大学の学生も在籍している。また、部員の紹介があれば社会人も入会可能。本書の著者である永谷が名誉顧問を務める。

●東大《とうだい》うどん部《ぶ》名誉顧問《めいよこもん》

「埼玉を日本一の『うどん

①…p16 ②…p74 ③…p91へ

永谷晶久《ながたにあきひさ》

1981年千葉県松戸市生まれ。小学校6年生から埼玉県入間市に住む。入間市役所主催イベントにボランティアスタッフとして参加するなかで「町おこし」に目覚め、埼玉に根づくうどん文化で地元を盛り上げるべく、活動を始める。「埼玉を日本一の『うどん県』にする会」会長、「東大うどん部」(東京大学うどん部)名誉顧問、熊谷市で開催の「全国ご当地うどんサミット」スペシャルサポーター。某メーカー総務部勤務。

スゴい! 埼玉 うどん王国宣言!!

令和元年11月30日　初版第1刷発行

著　者　永谷晶久
発行者　加藤玄一
発行所　株式会社大空出版
東京都千代田区神田神保町3-10-2　共立ビル8階　〒101-0051
電話番号　03-3221-0977
URL　http://www.ozorabunko.jp/

編集　安田洋明 小林潤 池田純平(大空出版)、田山容子
制作協力　小林義信 田窪淑子 金子和 飯島祐奈 田附希恵
撮影　小川伸晃 内田龍 小林岳夫 三佐和隆士 横山君絵 吉原正敏
AD　矢﨑進(大空出版)
デザイン　磯崎優 大類百世 多田菜穂子 竹鶴仁惠 森尻夏実(大空出版)
校正　齊藤和彦
印刷・製本　株式会社 暁印刷

ISBN978-4-903175-91-1 C0077